Die Boodskap van die Kruis

Die Boodskap van die Kruis

Dr. Jaerock Lee

Die Boodskap van die Kruis deur Dr. Jaerock Lee
Gepubliseer deur Urim Boeke (Verteenwoordiger: Johnny. H. Kim)
235-3, Guro-dong3, Guro-gu, Seoul, Korea
www.urimbooks.com

Kopiereg voorbehou. Hierdie boek of gedeeltes daarvan mag nie in enige formaat gereproduseer, gestoor in 'n herwinningsissteem, of enige formaat oorgesend word, of om watter rede ookal elektronies, meganies, gefotokopieer, opgeneem of sonder die uitgewer se vooraf skriftelike toestemming plaasvind nie.

Tensy anders vermeld, is alle Skrifgedeeltes uit die Heilige Bybel, "NEW AMERICAN STANDARD BIBLE" ® geneem, Kopiereg © 1960, 1962, 1963, 1968, 1971, 1972, 1973, 1975, 1977, 1995 deur die "The Lockman Foundation". Met toestemming gebruik.

Kopiereg © 2011 deur Dr. Jaerock Lee
ISBN: 979-11-263-1251-1 03230
Vertaal Kopiereg © 2003 deur Dr. Esther K. Chung. Met toestemming gebruik.

Voorheen gedurende 2002 in Koreaans deur Urim Boeke gepubliseer.

Eerste Uitgawe Desember 2003
Tweede Uitgawe 1ste Druk September 2004
Derde Uitgawe 1ste Druk Februarie 2008
Vierde Uitgawe Augustus 2009
Vyfde Uitgawe Julie 2011

Geredigeer deur Dr. Geumsun Vin
Ontwerp deur die Redaksionele Buro van Urim Boeke
Vir meer inligting kontak aseblief urimbook@hotmail.com

Voorwoord

Vertroue dat u God se hart, en Sy groot liefdesplan sal verstaan, en 'n stewige grondslag vir u geloof sal bewerkstellig.

Die Boodskap van die Kruis het sedert 1986 'n ontelbare aantal mense na saligheid gelei, deur die hoeveelheid onnoembare gedemonstreerde werke van die Heilige Gees, tydens die baie oorsese kruistogte wat plaasgevind het. Eindelik het God die Vader my geseën, om die boek te publiseer. Ek is alle dank en eer aan Hom verskuldig!

Baie mense sê dat hulle in God die Skepper glo, en ook die liefde van Sy Seun Jesus Christus verstaan, maar nie die vermoë het om die evangelie met vertroue te verkondig nie. Inderwaarheid is daar slegs 'n klein aantal Christene wie die hart en voorsienigheid van God werklik verstaan. Verderaan, is sommige Christene van God vervreem, omdat hulle nooit werklik duidelike antwoorde op hulle vrae oor die Bybel gekry het nie, of nie die verborge voorsienigheid van God se liefde begryp nie.

Byvoorbeeld, wat sal jou antwoorde op die volgende drie vrae wees: "Waarom het God die boom van kennis van goed en kwaad daar gestel, en die mens toegelaat om daarvan te eet?" "Waarom het God die hel geskep, alhoewel Hy Sy Seun Jesus Christus, vir die sondaars opgeoffer het?" en "Waarom is Jesus die enigste Redder?"

Ek het nie God se diepgaande voorsienigheid van die skepping, en die skepping van Sy verborge voorsienigheid by die kruis, gedurende my eerste aantal jare as 'n Christen verstaan nie. Nadat ek geroep was as 'n pastoor om die evangelie te bedien, het ek myself begin afvra, "Hoe kan ek ontelbare mense op die weg na saligheid lei, en God verheerlik ?" Dit het tot my deurgedring dat ek al die woorde in die Bybel moet verstaan, insluitend die moelike gedeeltes soos deur God verduidelik, en dit aan die hele wêreld moet kan verkondig. Ek het dikwels gevas, en daaroor gebid. Sewe jaar het verloop, voordat God dit begin openbaar het.

In 1985, terwyl ek vuriglik gebid het, was ek met die Heilige Gees gevul. Hy het begin om aan my die geheime voorsienigheid van God wat verborge was, te verduidelik. Dit was die "Boodskap van die Kruis." Ek het dit gedurende elke Sondagoggenddiens, vir een en twintig weke verkondig. Die kassetopnames van die "Boodskap van die Kruis" het ontelbare mense se lewens, plaaslik en oorsee beïnvloed. Dus waar ookal die "Boodskap van die Kruis" verkondig was, het die Heilige Gees soos 'n gloeiende vuur gewerk. Baie mense het hulle sondes bely, en was van hulle kwale of siektetoestande genees. Hulle het hul twyfel omtrent God se voorsienigheid verwerp, en het ware geloof en die ewige lewe verkry. Tot op daardie stadium het hulle nie God en Sy ware liefde, werklik verstaan nie. Hulle het begin om God se plan te verstaan, en om Hom te ontmoet, en glo deur middel van die boodskap, vir 'n ewige lewe.

Indien jy werklik duidelik verstaan waarom God die boom van kennis van goed en kwaad in die Tuin van Eden geplaas het, kan jy Sy voorsienigheid vir die menslike beskawing beter begryp, en God nog nog meer liefhê. Verder om die doel van jou lewe te verstaan, sal jy in staat wees om teen jou sondes te veg, tot die punt waar jy bloed sal stort, en jou beste sal probeer om die hart van die Here Jesus Christus te verower, en getrou aan Hom te bly tot die dood toe.

Die Boodskap van die Kruis sal vir jou God se verborge voorsienigheid by die kruis beter laat begryp, om sodoende vir jou 'n stewige grondslag te lê, om 'n goeie Christelike lewe te lei. Daarom, enigiemand wie hierdie boek lees, sal God se voorsienigheid en liefde verstaan, en sal ware geloof bekom, en 'n grondslag hê, om 'n Christelike lewe te lei, wat goed in God se oë sal wees.

Ek dra al my dank oor aan Dr. Geumsun Vin, die Direkteur en haar personeel van die Redigerings Buro van Urim Boeke, wie alles moontlik gemaak het om hierdie boek te publiseer.

Mag ontelbare mense die diepliggende voorsienigheid van God verstaan, en die God van liefde ontmoet, en as ware God's kinders gered word—dit alles bid ek in die naam van die Here Jesus Christus!

Jaerock Lee

Inleiding

Die Boodskap van die Kruis is die wysheid en krag van God, asook 'n kragtige boodskap wat elke Christen wêreldwyd behoort aan te gryp!

NEk dra al my dank en glorie op aan God die Vader, wie ons gelei het om Die Boodskap van die Kruis te publiseer. So baie lidmate van Manmin regoor die wêreld, het uitgesien dat dit gepubliseer word. Hierdie boek verskaf die duidelike antwoorde op baie vrae waaroor baie Christene gewonder het: 'Wat was God die Skepper voor die begintyd?' 'Waarom het God die mens geskape en hom die aarde laat bewoon?' 'Waarom het God die boom van kennis van goed en kwaad in die Tuin van Eden geplaas?' 'Waarom het God Sy enigste Seun as 'n soenoffer gestuur?' 'Waarom het God die voorsienigheid van die saligheid deur middel van die growwe houtkruis beplan?' asook nog baie meer ander vrae ook.

Hierdie boek bevat geesgevulde boodskappe soos deur Dr. Jaerock Lee verkondig, en lig jou in om die dieper, wyer en wonderlike liefde van God, te verstaan.

Hoofstuk 1, "God die Skepper en die Bybel," stel God aan ons voor, en verduidelik hoe Hy onder te werk gaan. Deur hierdie hoofstuk sal jy bewyse van die lewende God kry, en die waarhede van die Bybel, in die lig van die geskiedenis van die mensdom, besef.

Hoofstuk 2, "God het die mens geskape en ontwikkel," bewys dat God alles in die heelal gemaak het, en die mens na Sy beeld gevorm het. Terselfdertyd sal hierdie hoofstuk jou leer aangaande die werklike mening van die menslike lewe, en waarom Hy die mens as Sy ware geestelike kinders gemaak het.

Hoofstuk 3, "Die boom van die kennis van goed en kwaad," voorsien antwoorde op die vernaamste vrae van alle Christene: Waarom het God die boom van die kennis van goed en kwaad daar geplaas? Hierdie hoofstuk verduidelik breedvoerig die rede en help jou om die diepgaande liefde en verborge voorsienigheid van God, wie die mens op die aarde geplaas en ontwikkel het, te verstaan.

Hoofstuk 4, "Die verborge geheim voor die ontstaan van tyd," verduidelik die verwantskap tussen die wet van die verlossing, en die geestelike wet van die menslike saligheid (Levitikus 25). Dit verduidelik ook dat alle mense as gevolg van hule sondes moet doodgaan, maar God het reeds hulle wonderlike weg tot die saligheid, voor die ontstaan van tyd, voorberei. Tenslotte vertel dit jou waarom God die weg van die menslike saligheid, tot die tyd van Sy keuse, verberg het, en hoe Jesus op die toestande rakende die wet van die verlossing in die land, voorberei is.

Hoofstuk 5, "Waarom is Jesus ons enigste Redder?" verduidelik hoe God se plan vir die menslike saligheid, wat verborge was voordat tyd begin het, en deur Jesus vervul was. Die rede vir Sy kruisiging, die seëninge en regte van God se kinders, die betekenis van die naam "Jesus Christus," die rede waarom God geen ander naam as Jesus Christus aanvaar, waaronder mense verlos kan word nie, en nog meer. Jy sal die onmeetbare liefde van God ervaar, indien jy die geestelike implikasies van die boodskap, soos in hierdie hoofstuk weergegee, reg verstaan.

Hoofstuk 6, "Die Voorsienigheid van die Kruis," lig jou meer toe omtrent Jesus se lyding. Waarom was Jesus in 'n stal gebore en in 'n krip vir diere neergelê, na Sy geboorte, indien Hy werklik die Seun van God was? Waarom was Hy Sy lewe lank arm gewees? Waarom was Hy regoor Sy liggaam gegesel, en van 'n doornkroon voorsien, en deur Sy voete en hande met spykers deurboor? Waarom moes Hy ly as gevolg van die pyn, tot die punt dat Hy al Sy bloed en water moes stort?

Hierdie hoofstuk voorsien al daardie antwoorde op sulke vrae, en help jou om die geestelike implikasies van Sy lyding te verstaan. Alle soorte siektes en ongesteldhede, sowel as ander probleme soos armoede, familietwiste, sakeprobleme, ensovoorts sal opgelos word, indien jy die geestelike lyding van Jesus en die geloof daarin verstaan. Hierdie hoofstuk help jou om God se innige liefde te verstaan, en om alle vorme van sondes te verwerp, en om deel te neem aan die wonderlike natuur se gang.

Hoofstuk 7, "Die laaste sewe woorde van Jesus aan die Kruis," verduidelik die geestelike implikasies van Jesus se laaste sewe woorde aan die kruis, net voordat Hy gesterwe het. Na die sewe kruiswoorde het Hy Sy sending, wat Hy van Sy Vader, God, ontvang het, volbring. Hierdie hoofstuk beklemtoon dat jy moet Jesus se liefde vir die mens verstaan, Sy wederkoms afwag, en die goeie stryd tot die opstanding, met groot hoop moet voortsit.

Hoofstuk 8, "Ware Geloof en die Ewige Lewe," vertel jou dat ons slegs deur ware geloof een met die Bruidegom, Jesus Christus, kan word. Die Bybel waarsku ons ook teen diegene wie sê dat hulle in die Saligmaker, Jesus Christus glo, maar nie op die oordeelsdag gered kan word nie. Die Bybel lê klem daarop om nie alleen Jesus Christus aan te neem nie, maar om ook die vlees van die Seun van die mens te eet, en Sy bloed te drink om daardeur die ewige saligheid te verkry. Jy kan ware geloof bekom, wat jou op die weg van saligheid sal lei, wanneer jy Sy vlees eet en Sy bloed drink. Hierdie hoofstuk verduidelik ook aan jou wat ware geloof is, hoe jy dit kan bekom, en wat jy moet doen om die volmaakte saligheid te bereik.

Hoofstuk 9, "Om deur Water en die Gees gebore te word," gee eerstens die tweegesprek, tussen Jesus en Nikodemus weer. Hierdie verwisseling van woorde lei tot Die Boodskap van die Kruis se gevolgtrekking. Jou hart moet voortdurend deur water en die Heilige Gees vernuwe word, totdat Jesus Christus weer kom. Jy moet jou hele gees, siel en liggaam vlekkeloos tot die wederkoms van die Here Jesus Christus hou, op die tyd wat die Here jou as Sy pragtige bruid in ontvangs sal neem.

Hoofstuk 10, "Wat is Dwaalleer?" grawe in die aard van dwaalleer en bespreek negatiewe en vals opvattings, wat Christene daaroor het. Vandag blameer baie mense foutiewelik die kragtige werke van God as kettery, omdat hulle nie die Bybelse omskrywing van dwaalleer verstaan nie. Hierdie hoofstuk waarsku jou om nie die werke van die Heilige Gees te blameer of te veroordeel as kettery nie. Dit verduidelik hoe jy kan onderskei tussen die Gees van die waarheid, en die gees van onwaarhede, en omtrent sekere soorte kettery. Tenslotte beklemtoon hierdie hoofstuk dit dat jy daarop moet let, en voortdurend moet bid en die waarheid moet verkondig, om te verhoed dat jy in die versoeking kom om onwaarhede te verkondig.

Die apostel Paulus sê na aanleiding van die boodskap van die kruis, oor die wysheid van God, in 1 Korintiërs 1:18, "Die boodskap van die kruis van Christus is wel onsin vir dié wat verlore gaan, maar vir ons wat gered word, is dit die krag van God." Enigiemand kan ware geloof bekom, en die lewende God ontmoet en daardeur 'n Christelike lewe geniet, wanneer hy die verborge geheim van die kruis verstaan, en die diepliggende voorsienigheid van God se groot liefde vir die mens begryp.

Die Boodskap van die Kruis is basiese riglyne vir jou lewe. Daarom, bid ek in die naam van die Here dat jy 'n stewige grondslag vir jou Christelike lewe sal bewerkstellig, en die volmaakte saligheid en die ewige lewe sal bereik.

Geumsun Vin
Direkteur van die Redaksionele Buro

Inhoudsopgawe

Voorwoord

Inleiding

Hoofstuk 1 _ **God die Skepper en die Bybel** • 1
1. God is die Skepper
2. Ek is wat Ek is
3. God is Alwetend en Almagtig
4. God is die Outeur van die Bybel
5 Elke Woord in die Bybel is Waar

Hoofstuk 2 _ **God het die Mens Geskep en Ontwikkel** • 25
1. God Skep die Mensdom
2. Waarom God mense ontwikkel
3. God skei die Koring van die Kaf

**Hoofstuk 3 _ Die Boom van die Kennis van
Goed en Kwaad •** 43

1. Adam en Eva in die Tuin van Eden
2. Adam was Ongehoorsaam uit Sy Eie Vrye Wil
3. Die Loon van die Sonde is die Dood
4. Waarom God die Boom van die Kennis van Goed en Kwaad in die Tuin van Eden geplaas het

**Hoofstuk 4 _ Die Verborge Geheim voor
die Ontstaan van Tyd •** 69

1. Adam se Magte aan die Duiwel oorhandig
2. Die Wet van die Bevryding van die Grond
3. Die Verborge Geheim voordat Tyd Begin
4. Jesus is Ooreenkomstig die Wet Gekwalifiseerd

Hoofstuk 5 _ **Waarom is Jesus ons Enigste Redder?** • 89

1. Die Voorsienigheid van die Saligheid deur Jesus Christus
2. Waarom was Jesus aan 'n Houtkruis gehang?
3. Geen ander naam in die Wêreld as "Jesus Christus"

Hoofstuk 6 _ **Die Voorsienigheid van die Kruis** • 111

1. Gebore in 'n Stal en neergelê in 'n Krip
2. Jesus se Lewe in Armoede
3. Gegesel en Sy Bloed Gestort
4. Dra 'n Doringkroon
5. Jesus se Boklere en Onderkleed
6. Vasgespyker deur Sy Hande en Voete
7. Jesus se Bene nie gebreek maar Sy sy deurboor

Hoofstuk 7 _ **Die Laaste Sewe Kruiswoorde van Jesus** • 159

1. Vader, vergewe hulle
2. Vandag sal Jy saam met My in die Paradys wees
3. Liewe vroumens, Hier is jou Seun;
   Hier is Jou Moeder
4. Eloï, Eloï, Lemá Sabagtani?
5. Ek het Dors
6. Dit is Volbring
7. Vader, in U hande gee Ek My Gees oor

Hoofstuk 8 _ **Ware Geloof en die Ewige Lewe** • 191

    1. Wat 'n Diepsinnige Verborgenheid is dit!
    2. Valse Belydenisse lei nie tot Saligheid nie
    3. Die Vlees en Bloed van die Seun van die Mens
    4. Vergifnis Slegs deur in die Lig te Wandel
    5. Geloof met Dade is Ware Geloof

Hoofstuk 9 _ **Om deur Water en die Gees gebore te word** • 247

    1. Nikodemus kom na Jesus
    2. Jesus help Nikodemus om Geestelik te verstaan
    3. Wanneer deur Water en die Gees gebore
    4. Drie Getuies: die Gees, die Water en die Bloed

Hoofstuk 10 _ **Wat is Dwaalleer?** • 265

    1. Die Bybelse definisie van Dwaalleer
    2. Die Gees van Waarheid en die Gees van Dwaling

Hoofstuk 1

God die Skepper en die Bybel

1. God is die Skepper
2. Ek is wat Ek is
3. God is Alwetend en Almagtig
4. God is die Outeur van die Bybel
5 Elke Woord in die Bybel is Waar

"In die begin het God die hemel en die aarde geskep."

Genesis 1:1

Baie mense in hierdie wêreld beweer dat daar nie 'n God is nie. Daar is ook diegene wie gode wat deur mense se verbeelding geskep word, aanbid, of afbeeldings van God se skeppings maak, en dit dan as afgode aanbid. Alhoewel ons Hom nie kan sien nie, bestaan die lewende God sekerlik, en daar is slegs die een God wie ons moet aanbid. God is die Skepper van die heelal, van alle dinge en die mensdom ook. Hy is die regeerder en die regter van alle dinge.

Watter soort wese is God? Inderwaarheid is dit maklik vir die mens, om oor God te verduidelik nie. Die mens is maar 'n eenvoudige skepsel. God oorskry egter alle grense van die mens. God is onbeperk en sonder grense. Ongeag hoeveel ons met ons kennis probeer vermag, kan ons nie werklik God tenvolle verstaan nie.

Selfs al weet ons nie alles omtrent God nie, is daar tog die basiese dinge wat ons as God se kinders behoort te weet. Die vernaamste punte sal breedvoerig verduidelik word.

1. God is die Skepper

Vandag is daar ontelbare boeke in die wêreld, maar geen ander boek soos die Bybel gee vir jou meer inligting, en beter antwoorde omtrent die oorsprong en skepping van die heelal, asook die aanvang van die mensdom se eindtyd nie.

Die Bybel gee vir ons 'n duidelike antwoord op die vraag omtrent die heelal en die lewe se oorsprong. Genesis 1:1 sê, "In die begin het God die hemel en die aarde geskep" en in Hebreërs 11:3 staan, "Omdat ons glo, weet ons dat die wêreld deur die woord van God geskep is:die sigbare dinge het dus nie ontstaan uit iets wat ons sien nie."

Nie alles wat sigbaar is, was gemaak uit iets wat reeds bestaan het nie. Dit was geskep uit "niks" op God se bevel.

Die mens kan iets maak, uit iets anders wat reeds bestaan, byvoorbeeld om iets se vorm te verander, of om grondstowwe te kombineer, om daardeur 'n nuwe produk te vervaardig, maar hy kan nie iets uit niks skep nie.

Dit is ondenkbaar dat die mens 'n lewende organisme kon skep. Selfs al het hy die wetenskaplike tegnologie genoegsaam ontwikkel, om kunsmatige intelligente rekenaars te maak, of om lammers te kloon, kan hy nie eers 'n amoebe uit niks skep nie.

Daarom gebruik mense die lewende organismes uit items wat deur God voorsien is, en wend dit op verskeie ander maniere aan. Jy moet besef dat dit niks anders as dit is nie.

Dus moet jy verstaan dat slegs God die vermoë het, om iets uit niks te kan skep. Slegs God die Skepper het die heelal op Sy bevel, geskep. Hy beheer die hele heelal, die wêreldgeskiedenis, lewe en die dood asook die mensdom se seëninge en rampe.

Bewyse wat jou laat glo in God die Skepper

Enigiets–'n huis, 'n tafel, of selfs 'n spyker–is deur iemand ontwerp. Daar word egter nooit gesê dat die ontsaglike groot heelal, ook sekerlik 'n ontwerper moes gehad het nie. Daar moet sekerlik 'n eienaar wees wie dit geskep het, en dit ook moet beheer. Dit is God die Skepper van wie die Bybel ons herhaaldelik vertel.

Wanneer jy rondkyk is daar oorvloedige bewyse van skeppingwerke. 'n Eenvoudige voorbeeld daarvan is die geweldige aantal mense wat die aarde bewoon. Ongeag die ras, ouderdom, geslag, sosisiale status ensovoorts, elkeen het twee oë, twee ore, een neus met twee neusgate en een mond.

Alhoewel elke diersoort in 'n sekere mate 'n bietjie van mekaar verskil, het hulle nogtans dieselfde gelaatstrekke. Byvoorbeeld, 'n olifant het 'n lang neus (slurp), maar dit is in die middel van sy gesig, en bokant sy mond. Dit is nie bokant sy oë, onder sy mond, of op sy kop nie. Elke olifant het twee neusgate, twee oë, twee ore en een mond. Al die voëls in die lug, al die visse in die see het dieselfde struktuur.

Nie alleen deel alle diere dieselfde gelaatstrekke nie, maar alle soogdiere se spysverteringstelsels en hul voortplantingssisteme, is ook dieselfde. Op dieselfde wyse word voedsel deur die mond ingeneem, en wat ookal ingeneem word en na die maag gaan, word later deur die liggaam uitgeskei. Alle soogdiere paar met die teenoorgestelde geslag, en plant dieselfde ras voort.

Wanneer jy al hierdie vanselfsprekende faktore saamvoeg, kan jy nie sê dat dit 'n blote toeval, of bewys van evolusie soos voorgeskryf deur "die oorlewing van die sterkes." Geeneen hiervan kon nog ooit deur die evolusie-teorie verduidelik word nie.

Daarom, die feit dat beide die mens en dier dieselfde organiese strukture het, is genoegsame bewys dat alles was deur God die Skepper ontwerp en geskep. Indien God nie die enigste God was nie, maar een van baie gode was, sou die wesens verskillende nommers of organe gehad het, hulle liggaamstrukture sou ook verskil het, terwyl die organe ook verskillend geposisioneerd sou gewees het.

Buitendien, wanneer jy die natuur en die heelal van nader beskou, kan jy meer bewyse in albei van die skepping vind. Nog meer wonderlik is dit nie om te weet dat alles in die sonnestelsel, soos die aarde wat draai, sonder die geringste probeme perfek plaasvind.

Kyk na die horlosie om jou gewrig. Dit bestaan uit 'n groot aantal belangrike onderdele. Dit sal nie sonder die kleinste noodsaaklikste onderdeel, kan funksioneer nie. Dus, hierdie heelal was ontwerp om onder God se voorsienigheid, te funksioneer.

Byvoorbeeld, geen mens of enige ander lewende wese kan sonder die maan, wat om die aarde draai, bestaan nie. Die maan kon nie 'n bietjie verder of nader van die aarde geplaas gewees het, as sy huidige posisie nie. God het dit op die perfekte afstand geplaas, sodat die mens op die aarde kan lewe.

As gevolg van die huidige posisie van die maan, veroorsaak sy swaartekrag die laag en hoogwater gety van die see. Hierdie getye veroorsaak dat die see beweeg, en dit daardeur gesuiwer word.

Eweneens, alle dinge in die heelal was so ontwerp om akkuraat, in ooreenstemming met God se voorsienigheid te beweeg.

Waarom glo sommiges nie in God die Skepper nie?

Sommige mense glo in God die Skepper, en leef volgens Sy Woord. Waarom sal mense wie redes en antwoorde, vir alles in die wetenskap gaan soek, nie in God glo nie?

Indien jy sedert jou kinderdae by gelowige Christene geleer het dat God bestaan, en die Almagtige Skepper is, kan dit nie moeilik wees om in God die Skepper te glo nie.

Maar vandag word baie van julle beïnvloed deur ewolusionisme, selfs vanaf julle jeugjare, en daar is so baie "kennis," wat nie noodwendig waar is nie. Julle gaan ook om met diegene wie nie in God glo nie, of wat oor Hom twyfel.

Nadat jy in hierdie omgewing grootgeword het, en jy kerk bywoon en na God se Woord luister, sal jy dikwels twyfel en in 'n stryd gewikkel wees, omdat jy nie in God die Skepper kan glo nie. Die rede daarvoor is, dat jou vorige kennis teenstrydig is met wat jy in die kerk hoor en leer.

Solank as wat jy net nie ontslae raak van die gedagtes en kennis, wat jy in hierdie wêreld opdoen nie. Selfs al woon jy kerkdienste gereeld by, kan jy nie daardeur geestelike geloof bekom nie, ongetwyfeld is dit slegs God wie geloof kan voortbring.

Jy kan nie sonder geloof in die hemelse koninkryk, of die hel glo nie. Jy oorweeg die sigbare wêreld as die enigste wêreld, en leef dan daarvolgens.

Hoe dikwels word nie gesien dat sekere teorië wat erken en aanvaar was op 'n tyd, na die verloop van tyd omgekeer of vervang word met 'n nuwe teorie nie? Selfs al is dit nie die presiese geval nie, is dit waar dat gebruiklike teorië en verklarings voordurend hersien word, en byvoegsels kry, soos wat nuwe feite later bykom.

Met die verloop van tyd, en soos die wetenskap ontwikkel, gee mense al beter verduidelikings en teorië, selfs al is dit nie altyd korrek nie. Daarmee wil ek nie sê dat die navorsingsprojekte deur baie wetenskaplikes, almal verkeerd is nie.

Daar is steeds baie dinge op die aarde wat nie deur die mens verklaar kan word nie, daarom moet jy hierdie feit aanvaar.

Byvoorbeeld, met betrekking tot die heelal, jy was nog nooit tot by die verste punt van die heelal, vanaf die aarde nie, net so het jy nog nooit teruggegaan na die oertyd nie. Alhoewel mense probeer, om deur middel van veronderstellings en teorië die heelal te verduidelik.

Voordat ruimtevaarders na die maan gegaan het, het ons vermoed, "Daar mag dalk lewende organismes daar wees, of daardie organismes mag dalk iewers in die sonnestelsel verby die aarde wees." Nogtans, na die ruimtevaarders se reis na die maan het ons aangekondig, "Daar is geen lewende organisme op die maan nie." Deesdae sê wetenskaplikes, "Daar is 'n moontlikheid van lewende organismes op Mars" of "Daar is sekere tekens van water op die Rooi Planeet."

Selfs al het jy vir 'n lang tyd navorsing gedoen en jou kennis daardeur verhoog, maar jy ken nie die wil, voorsienigheid en die krag van God die Skepper nie, sal jy opeindig met die beperkinge van die menslike vermoëns.

Daarom, Romeine 1:20 lees soos volg, "Van die skepping van die wêreld af kan 'n mens uit die werke van God duidelik aflei dat Sy krag ewigdurend is en dat Hy waarlik God is, hoewel dit dinge is wat 'n mens nie met die oog kan sien nie. Vir hierdie mense is daar dus geen verontskuldiging nie."

Wie ook al sy hart oopmaak en nadink, kan die krag van God voel, asook Sy goddelike natuur deur middel van skeppinge soos die son, die maan en die sterre–voorwerpe waardeur God jou toelaat om van Sy bestaan kennis te neem, en in Hom te glo.

2. Ek is wat Ek is

Om van God die Skepper te hoor, sal baie mense wonder, "Hoe het Hy eerstens begin bestaan?" "Waar het Hy vandaan gekom?" of "Met watter voorkoms het Hy begin bestaan?"

Die mens se kennis en gedagte kan nie 'n sekere perk oorskry nie, wat aandui dat daar moet 'n begin en 'n einde van alle wesens wees. Daarom verlang ons duidelike antwoorde op sulke vrae. Alhoewel, God bestaan buite die menslike kennis, so Hy is wie "Was," "Is," en "Is Om te Kom."

Eksodus 3 skilder vir ons 'n prentjie waar God vir Moses beveel, om die Israeliete die land Kanaän binne te lei. Moses op sy beurt vra vir God wat hy die Israeliete moet antwoord, indien hulle hom omtrent die naam van God uitvra.

Op daardie oomblik het God vir Moses gesê, "Ek is wat Ek is," en hom beveel om aan die Israeliete te sê, "Ek is het my na julle gestuur" (Eksodus 3:14).

"Ek is" is die uitdrukking wat God gebruik wanneer Hy na Homself persoonlik verwys, wat beteken dat niemand aan Hom geboorte geskenk, of geskep het nie, aangesien Hy die perfekte wese is, en die Skepper Homself is.

God was Lig met 'n Stem aan die Begin

Johannes 1:1 lees, "In die begin was die Woord daar, en die Woord was by God, en die Woord was self God." Op hierdie wyse, was God wie aan die begin self die Woord was, 'n wese wie bestaan het, sonder dat Hy geskep was. Hoe en waar het Hy bestaan?

God is Gees, dus was Hy volgens die formaat van die Woord, in die vierde dimensie, die geestelike koninkryk, nie die derde dimensie wat sigbaar is nie. God het nie in enige ander formaat bestaan nie, maar as 'n diepsinnige en pragtige lig met 'n suiwer en duidelike stem, terwyl Hy oor die hele heelal regeer het.

Dus, 1 Johannes 1:5 sê, "Dít is nou die boodskap wat ons by Hom gehoor het en aan julle verkondig: God is lig, en daar is geen duisternis in Hom nie." Dit het 'n geestelike betekenis en het 'n uitdrukking van die kenmerke van God, wie aan die begin die lig was.

Aan die begin het God as lig bestaan, met 'n stem daarin. Sy stem is suiwer, soet en sag en is oor die hele heelal hoorbaar. Diegene wie al God se stem persoonlik gehoor het, sal dit verstaan.

God was alleen voordat Tyd ontstaan het

God die Skepper het bestaan, nog voordat tyd begin. Hy het beplan om Sy ware geestelike kinders te skep, en daarmee voort te gaan. Daarom, indien jy by die punt kom dat jy God Ek Is, behoorlik verstaan, moet jy jou ou denkwyses, teorië en stereotipes verwerp, en moet jy die skeppingwerke soos deur God voorsien, aanvaar.

Anders as die dinge wat deur God geskep is, het die dinge wat deur die mens gemaak is, beperkinge en gebreke. Soos wat die kennis en ontwikkeling van die mens voordurend vorder, word beter produkte vervaardig, maar dit het nog steeds baie tekortkominge.

Sommiges maak afgodsbeelde van goud, silwer, brons en metal wat hulle dan gode noem. Daar word dan voor hulle gebuig, en tot dit gebid vir seëninge. dit is maar net 'n stuk hout, 'n stuk metal of 'n afbeelding van klip wat nie kan asemhaal, praat of selfs die oë kan knip nie. (Habakuk 2:18-19).

Alhoewel mense hulle as verstandig voordoen, kan hulle nie eintlik tussen die waarheid en valsheid onderskei nie. Daarom maak hulle eerder afbeeldings, en noem hulle dit hulle gode wat hulle aanbid (Romeine 1:22-25). Hoe dwaas en skandelik is dit nie?

Vandaar, indien mense afgode aanbid en gedien het, omdat hulle God geignoreer het, moet hulle dit omonwonde bely, en vir God Ek Is aanbid, en die opdragte as Sy kinders uitvoer.

3. God is Alwetend en Almagtig

God die Skepper wie die hele heelal geskep het, is die perfekte wese wie bestaan het voordat tyd ontstaan het, en Hy is alwetend en almagtig. Die Bybel vertel ons van verskeie wonderwerke en gebeurtenisse, wat nie deur die mens se krag en kennis kon plaasvind nie.

Hierdie kragtige werke van die alwetende en almagtige God, wie gister en vandag dieselfde is, het gedurende die Nuwe sowel as die Ou Testamentiese tyd plaasgevind. Dit het deur baie mense wie God se krag ontvang het, plaasgevind.

Dit is omdat Jesus in Johannes 4:48 sê, "As julle nie tekens en wonders sien nie, glo julle eenvoudig nie." Mense glo nie tensy hulle die Almagtige God se werke kan sien nie.

God vertoon wonderwerke en tekens

Eksodus beskryf breedvoerig hoe die alwetende en almagtige

God groot wonderwerke en tekens deur middel van Moses vertoon het, terwyl Hy die Israeliete uit Egipte na die land Kanaan gelei het.

Byvoorbeeld, toe God vir Moses na Farao, die koning van Egipte gestuur het, het Hy die tien plae oor hom en sy nasie gebring. Hy het die Israeliete droogvoet deur die Rooi See laat beweeg deur dit te verdeel, en die vreesbevange Egiptiese weermag in die maalstroom verswelg.

Selfs na die Eksodus verhale, het water uit 'n rots gekom nadat Moses dit met sy staf geslaan het, bitter water het in varswater verander. Manna het vanaf die hemel neergekom sodat miljoene mense kon voortleef, sonder om bekommerd te wees oor waar gaan die voedsel vandaan gaan kom.

Later aan in die Ou Testament vind ons dat God vir Elia bemagtig het, om drie en 'n half jaar se droogte te profeteer, en dit later na gebed te laat reën, en ook die dooies op te wek.

In die Nuwe Testament, sien ons dat Jesus, die Seun van God, vir Lazarus opwek nadat hy reeds vier dae dood was, blindes se oë open, en baie mense van verskeie siektes, swakhede en bose geeste genees. Hy het op die water geloop, die wind en die seegolwe beveel om kalm te word.

God het buitengewone wonderwerke deur Paulus se hande laat plaasvind. Dus selfs al was net 'n sakdoek of 'n japon vanaf sy liggaam na die siekes geneem, het die siektetoestande, en die bose geeste hulle verlaat (Handelinge 19:11-12). Verskeie tekens het Petrus, wie as een van Jesus se beste dissipels beskou was, gevolg.

Die mense het selfs die siekes op straat uitgedra en hulle daar op draagbare en beddens neergesit sodat, as Petrus daar verbygaan, al is dit maar net sy skaduwee op party van hulle kon val (Handelinge 5:15).

Buitendien, God vertoon wonderwerke en tekens deur Stefanus en Philippus in die Bybel, en Hy gaan voort om dit daagliks in ons kerk te laat plaasvind.

4. God is die Outeur van die Bybel

God is Gees, dus is Hy onsigbaar, maar nogtans is Hy op baie wyses teenwoordig. Oor die algemeen sal God Homself op 'n natuurlike manier, en uitsluitlik aan mense wie genees en antwoorde van Hom ontvang het, se getuienisse, openbaar. Hy sal Homself ook in die Bybel breedvoerig openbaar.

Van nou af, deur middel van die Bybel kan jy die ware God leer ken, Hom ontmoet, saligheid en die ewige lewe bereik deur God se werke te erken. Ter byvoeging, jy kan 'n suksesvolle lewe lei, en eer aan God bring, deur die hart van God te verstaan en te besef hoe om vir Hom lief te wees, en Hy vir jou kan liefhê (2 Timoteus 3:15-17).

Die Skrif is God-gegewe

2 Petrus 1:21 sê, "Want geen profesie is ooit deur die wil van 'n

mens voortgebring nie. Nee, deur die Heilige Gees meegevoer, het mense die woord wat van God kom, verkondig." 2 Timoteus 3:16 lees, "Die hele Skrif is deur God geïnspireer." Dit beteken dat die Bybel vanaf Genesis tot by Die Openbaringe die Woord van God is, wat neergeskryf was, slegs as gevolg van God se wil.

Daarom, is daar baie sinsnedes soos "God sê," "die Here sê," en "die Here God sê." Dit bevestig dat die Bybel nie die mens nie, maar God se Woord is.

Die Bybel bestaan uit ses en sestig boeke, waarvan nege en dertig boeke in die Ou Testament is, en sewe en twintig boeke in die Nuwe Testament is. Die hoeveelheid skrywers word op ongeveer 34 geraam. Die periode wat die Bybel geskryf was, het vanaf 1500 v.C. tot 100 n.C. vir ongeveer 1600 jaar gestrek. Wat ongelooflik is, is dat alhoewel so baie skrywers deelgeneem het aan die skryfwerk, die Bybel van die begin tot die einde volkome is, elke sin pas by 'n ander sin aan.

In Jesaja 34:16 lees ons, "Kyk gerus in die boek van die Here en lees: nie een van dié diere sal daar ontbreek nie, nie een sal sonder 'n wyfie wees nie. Die Here het die bevel gegee en sy Gees laat hulle daar bymekaarkom."

Sulke dinge kon gebeur, aangesien die oorspronklike skrywer van die Bybel God is, en die Heilige Gees oor die skrywers se harte en denkwyses beheer het, en sodoende die woorde versamel het. Wat jy moet onthou is dat die skrywers van die Bybel, slegs die sogenaamde "spookskrywers" is, terwyl die oorspronklike skrywer eintlik God is.

Laat ons dit deur middel van 'n voorbeeld verduidelik. Veronderstel daar is 'n bejaarde moeder wie op die platteland woon, en sy stuur 'n brief na haar jongste seun in die stad waar hy studeer. Aangesien sy ongeletterd is, dikteer sy haar boodskap vir haar oudste seun, wie namens haar die brief skryf. Wanneer die jonger seun in die stad die brief ontvang, is hy van mening dat sy moeder die brief vir hom gestuur het, onbewus daarvan dat sy oudste broer entlik die skrywer daarvan was. Met die Bybel is dit dieselfde.

God se Liefdesbrief vol Seëninge en Beloftes

Die Bybel was deur die Geesgevulde diensknegte van God geskrywe, om sodoende God Homself te openbaar. Jy moet die feit glo, dat dit die Woord van die gelowige God is, wat Homself openbaar.

Die Woord van God is Gees en gee lewe (Johannes 6:63), dus wie dit ookal hoor en dit glo, sal die ewige lewe verkry, en sy siel sal oorvloedige lewe ontvang. Wie ookal glo en die Woord van God gehoorsaam, sal 'n voorspoedige lewe geniet, en sal 'n volmaakte man van God wees, en sal Jesus Christus volg.

God het na die aarde in vlees gekom, om Homself aan die mensdom te vertoon, en daardie vlees was Jesus gewees. Filippus, 'n dissipel van Jesus, het dit geignoreer en het Jesus versoek om vir hom God te wys. Hy het nie besef dat Jesus God in 'n ander wese is nie, dit is om die spreekwoord te gebruik, "Die vuurtoring skyn nie by sy basis nie."

Johannes 14:8 en die volgende verse is die inleiding van die tweegesprek tussen Filippus en Jesus:

Filippus sê vir Hom,"Here, wys vir ons die Vader, en dit is vir ons genoeg." En Jesus sê vir hom,"Ek is al so lank by julle, en ken jy My nie, Filippus? Wie my sien, sien die Vader. Hoe kan jy dan sê: 'Wys vir ons die Vader'? Glo jy nie dat Ek in die Vader is en die Vader in My nie? Die woorde wat Ek met julle praat, praat Ek nie uit my eie nie; maar dit kom van die Vader wat in My bly en sy werke doen" (Johannes 14:8-10).

Alhoewel Jesus oortuigende bewyse gelewer het dat Hy en God een is, deur wonderwerke te doen wat onmoontlik sonder God se krag sou wees, het Filippus daarop aangedring dat Jesus vir hom die Vader moes wys. Jesus het hom gevra om in Sy mededelings te glo, asook die bewyse van die wonderwerke self.

God het na die wêreld in vlees gekom, om Homself te vertoon, en God het die Bybel laat skryf omdat dit normaalweg onmoontlik vir die mense is, om Hom met die blote oog te sien.

Van nou af kan jy die seëninge en antwoorde wat God in die Bybel belowe ontvang, mits jy 'n kosbare vriendskap met die lewende God deur die Bybel handhaaf. Deur Sy wil en voorsienigheid te ken, en ook voortdurend meer van Sy Woord te wil leer.

5. Elke Woord in die Bybel is Waar

Historiese rekords plaas jou in 'n posisie om kennis te bekom, aangaande gebeurlikhede op 'n bepaalde tyd in die verlede. Geskiedenis stel jou in staat om die tydsveranderinge, besonderhede oor bepaalde dinge, mense, en lewensomstandighede van die verlede te bestudeer.

Die geskiedenis van die mensdom het al bewys dat die Bybel waarhede bevat. Jy sal self bevind dat die Bybel histories en realisties is, grotendeels wanneer jy 'n versigtige kyk neem na gebeurlikhede, mense, plekke en gewoontes soos in die Bybel beskrywe.

Sedert die Ou Testament omonwonde gebaseer was op objektiewe feite, wat belangrik was, of vervelige gedeeltes, of inligting wat oor individue, mense, of groepe vanaf Adam en Eva se tyd plaasgevind het, het Israel die Ou Testament beskou as die heilige en historiese dokument van die nasie, tot vandag toe. Selfs baie historici aanvaar die Bybel as 'n betroubare bron.

Geskiedenis bewys die Geloofwaardiheid van die Bybel

Eerstens, op die Bybel gebaseer, wil ek die geskiedenis van Israel met jou deel, en bewys dat die Woord van God in die Bybel waar is.

Adam die voorvader van die mensdom het teenoor God

gesondig, net so het sy afstammelinge voortgegaan om te sondig, en gelewe sonder om God, hulle Skepper te ken. Op daardie stadium het God een nasie uitgekies, en besluit om Sy wil en voorsienigheid deur hulle te openbaar.

Eerstens het God vir Abraham, wie die beste "goeie hart," gehad het geroep, hom touwys gemaak, en hom as die vader van geloof aangewys. Abraham was die vader van Isak, Isak die vader van Jakob en God het vir Jakob "Israel" genoem, en het twaalf stamme uit sy twaalf seuns gemaak.

Terwyl Jakob nog gelewe het, het God hom na Egipte laat gaan, sodat hy daar 'n nasie kon bou deur sy afstammelinge te vergroot, en hulle later na Kanaan gelei.

God het vir Moses die Wet gedurende sy tyd in die woestyn gegee. Hy moes die Israeliete leer om volgens Sy Woord te lewe. Moses het hulle slegs deur middel van Sy Woord gelei.

Nadat hulle na die land Kanaan gelei was, was hulle voorspoedig solank as wat hulle aan die Wet gehoorsaam was. Sodra Israel afgode begin aanbid het en gesondig het, het hulle nasionale krag verval, en het hulle as gevolg van vreemde invalle begin ly. Die Israeliete was gevange geneem, of as slawe aangewend. Wanneer hulle hul sondes bely het, was die nasie weer terug na normaal. Hierdie siklus het dit self oor en oor herhaal.

Dus wys God vir die mensdom, deur die geskiedenis van Israel dat God lewe en dat Hy alles deur Sy Woord regeer.

Jy sal kan sien dat al die voorspellings in die Bybel reeds vervul is, of in die proses is om vervul te word. Byvoorbeeld, in Lukas 19:43-44, verwys Jesus na Jerusalem se val, deur te sê:

"Daar sal dae oor jou kom dat jou vyande vestings teen jou oprig en jou omsingel en jou van alle kante beleër. Hulle sal jou met die grond gelyk maak en jou inwoners uitwis. Hulle sal in jou nie een klip op die ander laat bly nie, omdat jy die betekenis van die tyd toe God gekom het om jou te red, nie besef het nie."

In hierdie verse bedoel Jesus hoe die stad Jerusalem vernietig sal word, as gevolg van hulle toenemende goddeloosheid. Hierdie voorspelling was in 70 n.C. bewaarheid, toe Generaal Titus van die Romeinse Ryk sy manne beveel het om 'n muur reg rondom Jerusalem te bou, die stad te omsingel, en om almal binnekant die muur dood te maak. Dit het slegs veertig jaar na Jesus se voorspelling, plaasgevind.

Jesus sê in Matteus 24:32, "Leer dit van die vyeboom as voorbeeld: wanneer sy takke begin sag word en hy blare kry, weet julle die somer is naby." Die vyeboom simboliseer hier die nasie van Israel, en hierdie gelykenis vertel dat Israel onafhanklik sal wees, wanneer Jesus se wederkoms naby is. Laastens het die geskiedenis bewys dat die Woord van God bewaarheid was, toe Jerusalem wat in 70 n.C. totaal verwoes was, weer wonderbaarlik op 14 Mei 1948 opgerig was. Dit is 1900 jaar nadat die verwoesting plaasgevind het.

Die voorspelling van die Ou Testament en die vervulling in die Nuwe Testament

Ek getuig dat die Woord van God in die Bybel die waarheid is, deur bestudering hoe voorspellings van die Ou Testament by geleenthede in die Nuwe Testament vervul geraak het.

Die Wet van die Ou Testament was nie die perfekte manier om "God se ware kinders te bekom nie." Dit was slegs 'n skaduwee om God te demonstreer. Dit is waarom God die Messias se koms, regdeur die Ou Testament verkondig het. Wanneer die regte tyd aanbreek sal Hy Jesus Christus na hierdie wêreld stuur, om Sy belofte na te kom.

Dit is duidelik dat Jesus ongeveer 2,000 jaar gelede na die aarde gekom het. Westerse geskiedenis is grotendeels in twee groepe verdeel, omtrent Jesus se geboorte. "v.C." staan vir voor Christus, wat beteken die geskiedenis van die tydperk voor Jesus, terwyl "A.D." staan vir Anno Domini, wat beteken "in die jaar van ons Here." Selfs die geskiedenis bevestig Jesus se geboorte.

Laat ons eerstens na Genesis 3:15 kyk:

Ek stel vyandskap tussen jou en die vrou, tussen jou nageslag en haar nageslag. Haar nageslag sal jou kop vermorsel en jy sal hom in die hakskeen byt.

Hierdie vers voorspel dat ons Redder, as die afstammeling van die vrou, sal kom en die mag van die dood, vernietig. "Vrou" in hierdie gedeelte beteken Israel. Eintlik het Jesus na die aarde gekom as 'n seun van Josef, wie aan die nageslag van Judas van Israel behoort het (Lukas 1:26-32).

Jesaja 7:14 lees, "Die Here sal daarom self vir julle 'n teken gee: 'n Jong vrou sal swanger word en 'n seun in die wêreld bring en sy sal hom Immanuel noem."

Dit kom daarop neer dat die Seun van God sal gestuur word om te boet vir die sondes van die mens, omdat Hy deur die Heilige Gees verwek is. Inderdaad, Jesus was gebore uit die maagd Maria, deur die Heilige Gees (Matteus 1:18-25).

Dit was voorspel dat Jesus in die landstreek van Bethlehem gebore sou word, soos wat Miga 5:1 lees:

"Maar jy, Bethlehem-Efrata, jy is klein onder die families in Juda, maar uit jou sal daar iemand kom wat aan My behoort en hy sal in Israel regeer. Sy begin lê vêr terug, in die gryse verlede!"

Om die Woord te vervul, was Jesus in Bethlehem, Judea tydens die regeertyd van Koning Herodes, gebore. Selfs die geskiedenis herbevestig hierdie gebeurtenis.

Die doodmaak van baie onskuldige babaseuntjies deur Koning Herodes, tydens die tydperk van Jesus se geboorte (Jeremia 31:15; Matteus 2:16), Jesus se intog in Jerusalem (Sagaria 9:9; Matteus 21:1-11), en Jesus se hemelvaart (Psalm 16:10; Handelinge 1:9) was alles voorspel, en dienooreenkomstig vervul.

In aanvulling hiertoe, die verraaiing van Judas Iskariot, wie

Jesus vir drie jaar gevolg het (Psalm 41:9) en Jesus daarna vir dertig stukke silwer verraai het (Sagaria 11:12), was ook voorspel en vervul.

Jy kan dus glo dat die Bybel waar is, dat dit waarlik die Woord van God is. Vernaamlik wanneer jy sien dat al die voorspellings in die Ou Testament, volkome korrek vervul is.

Voorspellings in die Bybel wat nog moet plaasvind

God het vir Jesus Christus ons Redder gemaak, en daardeur al die voorspellings in die Ou Testament gedurende die Nuwe Testamentiese tydperk, laat plaasvind. Elke gedeelte van die voorspelling aangaande Jesus, die geskiedenis oor Israel en die geskiedenis oor die mensdom, was sonder een enkele fout ten uitvoer gebring. Die bestudering van die wêreldgeskiedenis lei tot die bevinding, dat al die voorspellings in die Bybel reeds bewaarheid is, of nog gaan waar word.

Die profete van beide die Ou en die Nuwe Testamentiese tyd het die opheffing en die val van 'n wêreldmoondheid, die verwoesting en herbouing van Jerusalem, en toekomstige liefdesverhoudings van hooggeplaasde persone, voorspel. Baie voorspellings in die Bybel is reeds vervul, of word tans vervul, maar mense moet nog die Wederkoms van Jesus, die Verrukking, die Millennium Koninkryk en die Oordeel van die Groot Wit Troon, sien. Ons Here is tans besig om vir jou plek gereed te maak, soos wat Hy belowe het (Johannes 14:2), en Hy sal jou spoedig na 'n ewige woning neem.

Ons wêreld ly nou as gevolg van hongersnode, aardbewings, abnormale weerstoestande en massiewe groot rampe en ongelukke. Jy moet nie hierdie gebeurtenisse as toevallig beskou nie, maar eerder besef dat Jesus se Wederkoms besig is om nader te kom (Matteus 24:3-14). Jy sal 'n heel nuwe saligheid moet bereik, gereed wees, en jouself soos 'n bruid voorberei.

Hoofstuk 2

God het die Mens Geskep en Ontwikkel

1. God Skep die Mensdom
2. Waarom God mense ontwikkel
3. God skei die Koring van die Kaf

"*God het die mens geskep as sy verteenwoordiger, as beeld van God het Hy die mens geskep, man en vrou het Hy hulle geskep. Toe het God hulle geseën en vir hulle gesê: Wees vrugbaar, word baie, bewoon die aarde en bewerk dit. Heers oor die vis in die see, oor die voëls in die lug, oor al die diere van die aarde, ook oor die diere wat op die aarde kruip.*"

Genesis 1:27-28

Minstens eenkeer in jou lewe, kan jy fundementele vrae soos die oorsprong, bestemming, die doel en die betekenis van die lewe vra. Dan kan jy probeer om antwoorde daarop te verkry. Baie mense probeer verskeie metodes om hierdie probleme op te los, maar sterf uiteindelik sonder om die oorspronklike antwoorde te kry.

Wêreldberoemde slimmes soos Confucius, Boeddha en Sokraties het ook daarna gestrewe om hierdie fundementele antwoorde te bekom. Confucius het meer op sedelikheid gekonsentreer, wat aangetoon het dat perfekte kuisheid beskou was as 'n etiese ideaal, wat baie dissipels tot gevolg gehad het. Boeddha het vir 'n lang periode boetedoening gedoen, vir verlossing van die wêreld se bestaan. Sokraties het die waarheid op sy eie manier probeer nastreef, en voortgegaan om die ware kennis te ondersoek.

Nie een van hulle kon egter 'n permanente, fundementele oplossing, of die regte waarheid of die ewige lewe bekom nie. Dit was omdat die waarheid voor die skepping van die wêreld reeds verborge was, en is iets geesteliks wat onsigbaar en ontasbaar is. Jy kan nie duidelike antwoorde oor die lewe vind, alvorens jy nie die voorsienigheid van God die Skepper oor die die menslike opheffing verstaan nie.

1. God Skep die Mensdom

'n Verborge vorming van organe, selle en weefsels van die menslike liggaam is onmeetbaar. God wie die mens op hierdie wyse geskep het, wil getroue kinders bekom, met wie Hy Sy liefde vir ewig en altyd kan deel. Vir hierdie doel het God die mens volgens Sy afbeelding en ewebeeld gemaak, hom opgehef en vir die hemel voorberei.

Dus, hoe het God al die dinge in die heelal geskep, en die mens gevorm?

God se Sesdag Skepping

Genesis 1 beskryf die skeppinsproses duidelik waartydens God die hemele en die aarde in ses dae geskep het. God het gesê, "laat daar lig wees," en daar was lig (Genesis 1:3). Toe het God gesê, "Laat die waters onder die hemel op een plek bymekaarkom sodat die droë grond sigbaar word." So het dit gebeur. (Genesis 1:9).

Soos geskrywe staan in Hebreërs 11:3, "Omdat ons glo, weet ons dat die wêreld deur die woord van God geskep is:die sigbare dinge het dus nie ontstaan uit iets wat ons sien nie." God het die totale heelal deur sy Woord geskep.

God het op die eerste dag die lig geskep, op die tweede dag het Hy die hemelruim met alles daarin geskep. Op die derde dag toe God gesê het, "Laat die waters onder die hemel op een plek bymekaarkom sodat die grond sigbaar word" (Genesis 1:9), het dit so gebeur en Hy het die droë grond aarde genoem, en die versamelde waters het Hy see genoem. Toe het God gesê, "Laat daar uit die aarde groenigheid voortkom, groen plant wat saad gee en vrugtebome op die aarde, wat elkeen na sy aard vrugte dra en waarvan die saad in sy vrug sit" (v.11), die aarde het plantegroei voortgebring, plante het saad van hulle eie soort opgelewer, en bome het vrugte met saad van hulle eie soort daarin, gedra. Op die vierde dag het Hy die son, maan en die sterre en alles in die hemelruim geskep. Hy het die son in die dag, en die maan in die nag laat heers. Op die vyfde dag het Hy alles in die see, asook alle bewegende dinge wat met die water gepaard gaan, ooreenkomstig sy eie soort, asook alle voëls met vlerke volgens hulle eie soort geskep. Op die sesde dag het Hy die lewende hawe, diertjies wat op die grond beweeg, wildediere elkeen ooreenkomstig sy eie soort geskep.

Die mens volgens God se Ewebeeld geskep

God die Skepper het vir ses dae 'n omgewing voorberei, waarin die mens kan lewe, en toe die mens na Sy ewebeeld geskep. Hy het die mens geseën as die heersers oor al die skepsels, en hom beveel om hulle te oorwin en te regeer.

God het die mens geskep as sy verteenwoordiger, as beeld van God het Hy die mens geskep, man en vrou het Hy hulle geskep. Toe het God hulle geseën en vir hulle gesê: "Wees vrugbaar, word baie, bewoon die aarde en bewerk dit. Heers oor die vis in die see, oor die voëls in die lug, oor al die diere van die aarde, ook oor die diere wat op die aarde kruip" (Genesis 1:27-28).

Hoe het God dan die mens gevorm?

Die Here God het toe die mens gevorm uit stof van die aarde en lewensasem in sy neus geblaas, sodat die mens 'n lewende wese geword het (Genesis 2:7).

In hierdie vers verwys stof na klei. 'n Bekwame pottebakker gebruik klei van gehalte om wilgergroen porselein of wit porselein, van groot waarde te maak. Darenteen, sommige ander pottebakkers maak onverglasuurde potte, dakteëls of bakstene.

Die waarde van 'n stuk erdewerk word grotendeels bepaal deur wie dit gemaak het, hoe bekwaam was die pottebakker, watter soort klei was gebruik en watter soort pot is dit. Toe die Almagtige God, die Skepper, die mens na Sy ewebeeld gevorm het, hoe goed het Hy dit gedoen?

Nadat God die mens na Sy ewebeeld uit die stof van die aarde gevorm het, het God in sy neusgate die asem van die lewe geblaas. Dit is die energie van die lewe. Toe het die mens 'n lewende gees geword. Die asem van die lewe is sterkte, krag, energie en die gees van God.

God blaas die Asem van die Lewe in die Mens

Wanneer jy dink aan die proses om 'n glinserende buislig te

vervaardig, sal jy die proses om die mens as 'n lewende gees te skep, makliker verstaan. Indien jy 'n buislig wil laat glinster, moet jy eerstens 'n goed vervaardigde eenheid vervaardig, en dit inprop. Inteendeel, dit kan nie glinster, alvorens jy nie die elektriese skakelaar aanskakel nie.

Die televisiestel in jou huis werk basies op dieselfde beginsel. Jy kan niks op die skerm sien alvorens jy dit nie aangeskakel het nie. Nadat dit aangeskakel is, kan jy verskillende soorte beelde en geluide hoor. Jy kan die beelde slegs op die skerm sigbaar maak, deur die televisiestel aan te skakel. Alhoewel, aan die agterkant van die televisiestel is daar 'n aantal noukeurige onderdele wat op 'n bepaalde wyse, gemonteer is.

Eweneens het God nie alleen die mens se liggaam gevorm nie, maar ook die inwendige organe en bene daarin, uit die stof van die aarde. Hy het are gemaak waardeur die bloed kon vloei, en die senuweestelsel wat 'n perfekte funksie kon verrig.

God se krag kan stof in sagte weefsel verander, net wanneer Hy wil. Net soos die vloei van elektrisiteit beheer word, blaas Hy die asem van die lewe, in die mens in. Daarna begin die bloedsirkulasie onmiddellik, en die mens kan asemhaal en beweeg.

Ter aanvulling hiertoe, omdat God geheueselle in die mens se brein geplaas het, kan hy dan wat hy hoor en voel, in die breinselle memoriseer. Wat die breinselle opneem en memoriseer word kennis, en die kennis word gereproduseer as gedagtes. Wanneer jy die gestoorde kennis van die lewe gebruik, word dit wysheid genoem.

Die mensdom, alhoewel bloot eenvoudige wesens, het hulle wysheid en kennis baie noukeurig, tot 'n wetenskaplike beskaafdheid ontwikkel. Deesdae, doen hulle in die heelal navorsing en maak rekenaars en installeer kragtige komponente daarin, wat teruggespeel kan word. Dus baat hulle geweldig met die rekenaars, net soos wat God geheue-eenhede in breinselle gemaak het. Hulle het al so vêr ontwikkel soos om K.I. rekenaars te vervaardig, wat die mens se stem of woorde kan erken, of met ander rekenaars kan kommunikeer. Hulle sal ook meer ontwikkel, soos wat die tyd verloop.

Hoeveel makliker sou dit nie gewees het vir die Almagtige God, die Skepper, om 'n mens te vorm uit die stof van die aarde, en om die asem van die lewe in die mens te blaas, om hom 'n lewende wese te maak!Dit is so maklik vir God wie iets uit niks kan voortbring, maar vir die mens is dit wonderlik en onpeilbaar (Psalm 139:13-14).

2. Waarom God mense ontwikkel

Jesus het ons omtrent God se voorsienigheid, deur middel van baie gelykenisse geleer. Omdat die geestelike koninkryk nie deur die menslike kennis verstaan kan word nie, gebruik Hy aardse voorbeelde in die gelykenisse sodat ons beter kan verstaan.

Baie van hierdie gelykenisse handel oor ontwikkeling. Byvoorbeeld, daar is die gelykenis van die saaier (Matteus 13:3-23;

Markus 4:3-20; Lukas 8:4-15), die gelykenis van die mosterdsaadjie (Matteus 13:31-32; Markus 4:30-32; Lukas 13:18-19), die gelykenis van die onkruid tussen die koring (Mattheus 13:24-30, 36-43), die gelykenis van die arbeiders in die wingerd (Matteus 20:1-16), en die gelykenis van die boere en die wingerd (Matteus 21:33-41; Markus 12:1-9; Lukas 20:9-16).

Hierdie gelykenisse wys vir ons, net soos wat boere hul lande skoonmaak, saad saai, dit bewerk en dan oes, so vorm en ontwikkel God die mens, en sal Hy die koring van die kaf skei.

God wil ware liefde met Sy kinders deel

God het nie alleen goddelikheid nie, maar ook menslikheid. Goddelikheid is die krag van alwetendheid en almagtigheid van God die Skepper Homself, terwyl menslikheid die verstand van die mens is. Dus, God skep en regeer oor alles in die heelal, menslike geskiedenis en lewens. Hy beleef ook vreugde, toorn, hartseer en plesier. Hy wil graag liefde met Sy kinders deel.

Die Bybel wys dikwels vir ons dat God soms die persoonlikheid van die mensdom het; God is verheug en seën die mens wanneer hulle volgens God se wil lewe en reg doen, maar Hy treur en is toornig wanneer hulle sondig. God se begeerte om met Sy kinders te kommunikeer, en hulle met goeie raad te bedien, word dikwels in God se Woord weergegee.

Indien God slegs die goddelike karaktertrekke gehad het, sou Hy nie nodig gehad het om na die sesdag-skeppingswerke van die heelal, te rus nie. Terselfdertyd sou Hy ook nie 'n vriendskapsband met ons wou gehad het nie, en gesê het, "Bid gedurig" (1 Tessalonisense 5:17), en "Roep My aan, Ek sal jou antwoord en jou vertel van groot en onverstaanbare dinge waarvan jy nie weet nie" (Jeremia 33:3).

Partykeer wil jy graag alleen wees, maar mag dalk gelukkiger wees indien jy in die geselskap van iemand is wie dieselfde belangstellings as jy het, om jou liefde met hom of haar te deel. Eweneens het God die mens na Sy ewebeeld geskep, omdat Hy graag liefde aan iemand wou oordra. Hy het die mensdom op hierdie aarde ontwikkel, omdat Hy ware kinders wou hê wat Sy hart kan verstaan, en Hom uit die diepte van hulle harte kan liefhê.

God verkies kinders wat uit vrye wil gehoorsaam is

Sommiges mag wonder waarom God mense geskep, en hulle ontwikkel het, alhoewel Hy 'n menigte gehoorsame engele in die hemel het. Nogtans het die meeste engele geen menslike karaktertrekke nie, en dit is nodig om liefde te deel. Met ander woorde, hulle het geen eie vrye wil van hul keuse nie. Hulle gehoorsaam bevele soos robotte, maar hulle kan nie vreugde ervaar, torn, hartseer of plesier soos die mensdom nie. Daarom kan hulle nie God se liefde, uit die diepte van hulle harte ervaar nie.

Byvoorbeeld, laat ons veronderstel jy het twee kinders. Een van hulle voer jou opdragte uitdrukkingloos sonder emosie, sonder vrae en sonder liefde uit, net soos 'n robot wat uitstekend geprogrammeer is. Die ander een daarenteen maak soms jou gevoelens seer, maar spoedig is hy baie jammer oor sy optredes, kleef jou liefdevol aan en maak graag sy hart dikwels teenoor jou oop. Dus, vir watter een sal jy voor liewer wees? Natuurlik, die laasgenoemde een.

Veronderstel jy het 'n robot wat kook, die huis skoonmaak en jou bedien. Selfs dit, sal jou geensins liewer maak vir die robot as vir jou kinders nie. Dit maak geen verskil hoe hard die robot werk, of behulpsaam mag wees nie, maar dit kan nie die plek van jou kinders inneem nie.

Eweneens, God verkies eerder mense wie Hom vreugdevol, uit hulle eie vrye wil en met rede en emosie gehoorsaam, in plaas van engele en die hemelse gasheer, wat soos gehoorsame geprogammeerde robotte optree. Hy gee vir die mense vrye wil, en Sy Woord. Dan leer Hy hulle wat reg en verkeerd is, en ook wat die weg na saligheid of die dood is. Daarna wag Hy geduldig totdat hulle Sy gehoorsame kinders word.

God se menslike ontwikkeling met ouerlike aanraking

Dit staan in Genesis 6:5-6 dat "Toe die Here sien hoe groot die verdorwenheid van die mens op aarde is en dat hy sy lewe lank net slegte dinge bedink, was die Here bedroef daaroor dat Hy die mens op die aarde gemaak het."

Beteken dit dat God nie van hierdie feite bewus was, toe Hy die mens gemaak het nie? Hy het beslis daarvan geweet. God is alwetend en almagtig, dus het Hy alles voor die ontstaan van tyd geweet. Nieteenstaande het Hy die mense geskep en hulle ontwikkel.

Indien julle ouers is, sal julle dit dalk makliker verstaan. Hoe moeilik is dit om geboorte aan kinders te skenk, en om hulle groot te maak! Terwyl 'n vrou swanger is vir nege maande, beleef sy verskillende pyne en naarheid. Die geboorteproses gaan vir die moeder met groot pyn gepaard. Ouers wend groot pogings aan, en werk dag en nag, om kinders te voed, te klee en te onderrig. Wanneer kinders soms laat huistoe kom, is die ouers bekommerd oor hulle. Wanneer hulle siek word, sal die ouers baie meer pyn as die kinders self ondervind.

Waarom maak ouers hulle kinders groot, te spyte van al die pyn en die opofferings? Die rede daarvoor is dat ouers iemand wil hê met wie hulle liefde kan deel, naamlik ouerliefde, en hulle ouers uit die diepte van hulle harte kan liefhê. Vir die ouers bring sulke pyn selfs vreugde. Verdermeer, indien die kinders baie na die ouers lyk, hoe lieflik is dit nie? Natuurlik, alle kinders kan nie aan die ouers op dieselfde wyse, onderdanig wees nie. Party kinders kan hulle ouers liefhê en respekteer, terwyl ander hulle weer kan verdriet aandoen.

Eweneens, al is die ouers bewus van al die pyne om kinders groot te maak, reken hulle dit nie as pyn nie. In plaas daarvan wend ouers alle pogings aan en verwag van hul kinders om goed opgevoed te word, en vir hulle tot vreugde te wees. Op dieselfde wyse weet God dat die mensekind ongehoorsaam sal wees, korrup sal word, en probleme veroorsaak, maar Hy weet ook dat daar 'n aantal opregte kinders sal wees, wie met hom sy liefde sal deel. Dus, God het mense geskep, en hulle vrywilliglik ontwikkel.

God wil deur Sy opregte kinders verheerlik word

God ontwikkel menslike weses op die aarde, nie net om opregte kinders te bekom nie, maar om ook deur hulle verheerlik te word. God kan deur 'n groot hoeveelheid engele en die hemelse gasheer verheerlik word, en nog baie meer. Alhoewel, Hy wil eerder deur Sy opgevoede, opregte kinders diep uit hulle harte verheerlik word.

God sê in Jesaja 43:7 dat "Elkeen wat na my Naam genoem word, elkeen wat Ek geskep het tot my eer, wat Ek gevorm het, wat Ek gemaak het." en jou in 1 Korintiërs 10:31 onderrig het, "Of julle eet en of julle drink of wat julle ook al doen, doen alles tot eer van God."

God is die Skepper, Liefde en Regter. Hy het Sy enigste Seun gegee om ons te red, en om die hemel en die ewige lewe voor te berei. Hy is beslis die moeite werd om te verheerlik. Bowendien, Hy wil graag die heerlikheid teruggee, aan diegene wie Hom verheerlik het.

Daarom moet jy 'n opregte kind van God word, wie Sy liefde

vir altyd met Hom kan deel, deur te verstaan waarom God deur Sy geesverrykte kinders verheerlik wil word.

3. God skei die Koring van die Kaf

Plaasboere bewerk die landerye, omdat hulle die gesaaides in oorvloed wil oes. God ontwikkel ook mense wesens op die aarde om opregte kinders te bekom. Wie Hom nie alleen liefhet en verheerlik met hulle hele hart nie, maar Sy liefde ook in die hemelse hienamaals sal deel.

Daar is gewoonlik beide die koring en die kaf gedurende oestyd, dus skei die boere die koring van die kaf, versamel die koring in die skure, en die kaf word met vuur verbrand. Op dieselfde wyse sal God die koring van die kaf skei, aan die einde van die menslike lewens se ontwikkeling:

"Hy het sy skop in sy hand en Hy sal sy dorsvloer deur en deur skoonmaak. Sy koring sal Hy na die skuur toe bring, maar die kaf sal Hy met 'n onblusbare vuur verbrand (Matteus 3:12)."

Daarom moet jy onwrikbaar glo dat God die menslike wesens op die aarde ontwikkel het, en op Sy eie tyd sal Hy die koring – opregte kinders – vir die hemel en die ewige lewe versamel. Maar die kaf sal in die onblusbare helse vuur verbrand word.

Laat ons dan verder ondersoek instel na watter soort mense

volgens God se siening, die koring en die kaf is, en watter soort plekke die hemel en die hel is.

Die koring en die kaf

Die koring simboliseer diegene wie Jesus Christus aangeneem het, die regte pad bewandel, en in God se liefde deel. Hulle is kinders van die lig wie God se verlore beeld herwin het, en Sy opdragte uitvoer.

Daar teenoor, die kaf verteenwoordig hulle wie Jesus Christus verwerp het, of hulle wie beweer dat hulle glo, maar nie volgens God se Woord lewe nie en eerder hul eie sondige begeertes navolg.

1 Timoteus 2:4 beskryf ons God as die een "wat wil hê dat alle mense gered word en tot kennis van die waarheid kom." Dit beteken dat God wil hê dat alle mense koring moet word, en die hemelse koninkryk binnegaan. God probeer op baie maniere dat jy dit moet besef, en dat jy daardeur op die weg na saligheid gelei kan word.is Alhoewel, sommige mense gaan partykeer verder as God se wil en voorsienigheid, ooreenkomstig hulle eie vrye wil. Hierdie persone is niks anders as dierlik voor God nie, want hulle het hul menswaardigheid verloor.

Die boere verbrand gewoonlik die kaf of gebruik dit as bemestig, want indien die koring en die kaf saam in die skuur versamel word, sal die koring verrot. Daarom, God sal nie die kaf in die hemelse koninkryk verdra, waar die koring sal wees nie. Andersins as diere, het 'n mens 'n ewigdurende gees omdat God die asem van die lewe in hom geblaas het, toe Hy hom geskep het. Dus kan God nie die kaf vernietig, of laat vergaan nie.

Dit is onvermydelik vir God om die koring in die hemel te vergader, en dat hulle die ewige gelukkige vreugde geniet, en die kaf in die onblusbare helse vuur vir ewig en ewig laat brand.

Die skoonheid van die hemel en die afgryse van die hel

Aan die een kant, die hemel is te mooi om met enigiets in hierdie wêreld vergelyk te word. Byvoorbeeld, in hierdie wêreld sal blomme baie gou begin verwelk, maar blomme in die hemel sal nooit verwelk of afval nie, omdat alles in die hemel ewigdurend is. Die paaie is gemaak van suiwer goud wat so skoon soos glas vertoon, die Rivier van die Lewe blink soos suiwer Kristal en vloei daar deur. Die huise is van allerhande glinsterende juwele gemaak. Alles is verstommend mooi (verwys asseblief na Hemel I & II).

Aan die ander kant, hel is daar, "Waar die wurms nooit doodgaan nie, en waar die vuur nooit uitgeblus word nie. Almal sal met die vuur van beproewing gelouter word." (Markus 9:48-49). Verdermeer, is daar die poel met brandende swael in die hel, wat sewe keer warmer is as die vuurpoel self (Die Openbaring 20:10, 15). Ongeredde mense moet vir altyd in die poel met die onuitgebluste vuur, of die poel met die brandende swael, lewe. Hoe vreeslik en angswekkend is dit nie om ewig daar te woon nie (verwys asseblief na Hel)!

Daarom, Jesus sê in Markus 9:43 dat, "As jou hand jou van My afvallig laat word, kap hom af! Dit is beter dat jy vermink in die lewe ingaan as dat jy altwee jou hande het en na die hel toe gaan, in die onblusbare vuur."

Waarom moes die God van liefde die afgryslike hel, sowel as die pragtige hemel gemaak het? Indien sondige mense toegelaat sou word om 'n woning met goeie mense, wie liefdevol en getrou aan God is, te deel, sal dit hartseer wees aangesien die hemel met sonde besmet sal word. In kort, God het die hel gemaak, omdat Hy mense liefhet, en vir Sy kinders net die beste wil gee.

Die oordeel van die groot wit troon

Net soos wat 'n boer jaar na jaar die saad saai en dit dan oes, het God die mens ontwikkel, sedert Adam uit die Tuin van Eden verdryf is, en so sal voortgaan totdat Jesus weer kom.

God het Sy wil aan die voorvaders van die geloof soos, Noag, Abraham, Moses, Johannes die Doper, Petrus, en die apostel Paulus getoon. Vandag, is hy steeds voortdurend besig om mense lewens deur Sy pastore en werkers te ontwikkel. Nogtans, net soos wat 'n einde na 'n begin nodig is, sal die ontwikkeling van die mense lewens nie vir ewig aanhou nie.

2 Petrus 3:8 vertel ons, "Een ding moet julle egter nie vergeet nie, geliefdes: vir die Here is een dag soos duisend jaar en duisend jaar soos een dag." Net soos wat God op die sewende dag, na die sesdag se skeppingswerk van die heelal gerus het, sal Jesus weer

kom, asook die Nuwe Millennium, die Sabbatsperiode sal ses duisend jaar na Adam se ongehoorsaamheid ook kom. Na dit, deur middel van die Oordeel van die Groot Wit Troon, sal God die koring toelaat om die hemel binne te gaan, en die kaf in die helse vuur te werp.

Daarom, bid ek in die naam van die Here Jesus Christus om God se voorsienigheid, asook Sy ontwikkeling en liefde vir die mense ten diepste te verstaan, en om 'n geseënde lewe te lei. Om God te verheerlik met 'n ywerige begeerte, om in die hemel opgeneem te word.

Hoofstuk 3

Die Boom van die Kennis van Goed en Kwaad

1. Adam en Eva in die Tuin van Eden
2. Adam was Ongehoorsaam uit Sy Eie Vrye Wil
3. Die Loon van die Sonde is die Dood
4. Waarom God die Boom van die Kennis van Goed en Kwaad in die Tuin van Eden geplaas het

"Die Here God het die mens in die tuin laat woon om dit te bewerk en op te pas. Die Here God het die mens beveel: Van al die bome in die tuin mag jy eet soos jy wil, maar van die boom van alle kennis mag jy nie eet nie. Die dag as jy daarvan eet, sterf jy."

Genesis 2:15-17

Hulle wie nie die groot liefde en diepsinnige voorsienigheid van God die Skepper teenoor Sy opregte kinders verstaan nie mag vra, "Waarom het God die boom van die kennis van goed en kwaad in die Tuin van Eden geplaas?" Waarom het Hy die eerste mens die weg van vernietiging laat bewandel?" Hulle dink die mens sou nie gesterf het nie, en 'n gelukkige lewe in die Tuin van Eden gelei het, indien God nie die boom daar geplaas het nie.

Sommiges van hulle het selfs die volgende woorde kwyt geraak van "God kon dalk nie voorsien het dat Adam van die vrugte van die boom van die kennis van goed en kwaad sou eet nie", omdat hulle nie geglo het dat God alwetend en almagtig is nie. Het Hy die boom in die Tuin van Eden geplaas, as gevolg van swak insig omdat Hy nie van Adam se toekomstige ongehoorsaamheid geweet het nie? Of het God die boom daar geplaas, met die doel om die mens na die ewige verderf toe te lei? Beslis nie!

Dus, waarom het God die boom van die kennis van die goed en kwaad, in die middel van die Tuin van Eden geplaas? Waarom het Adam God se bevel geïgnoreer en ongehoorsaam gewees, en sodoende in die ewige verderf beland?

1. Adam en Eva in die Tuin van Eden

Die Here God het toe die mens gevorm uit stof van die aarde en lewensasem in sy neus geblaas, sodat die mens 'n lewende wese geword het (Genesis 2:7). 'n Lewende wese is 'n geestelike wese wie geen kennis het wanneer hy geskep word nie. Laat ons 'n maklike voorbeeld gee. 'n Pasgebore baba het geen wysheid of kennis nie. Die baba het 'n geheuestelsel in die brein, maar het nog nooit gesien, gehoor of is iets geleer nie. Dus kan die baba slegs op instink reageer.

Op dieselfde wyse het Adam geen geestelike wysheid of kennis gehad, nadat hy 'n lewende wese geword het nie.

Adam het die kennis van die lewe by God geleer

God het aan die oostelike kant van die Tuin van Eden 'n tuin aangelê en vir Adam daar geplaas. God het vir Adam kennis van die lewe, asook waarhede geleer. Hy het saam met Adam deur die tuin geloop, en hom een vir een alles geleer, sodat hy die Tuin van Eden kon beheer en bestuur.

Genesis 2:19 lees, "Die Here God het toe uit grond al die wilde diere en al die voëls gevorm en na die mens toe gebring om vas te stel hoe hy elkeen sou noem; en wat die mens elke lewende wese sou noem, dit sou sy naam wees." Adam was voldoende toegerus met die kennis van die lewe, om oor alles beheer uit te oefen.

Dit het ook vir God geblyk dat dit nie vir Adam goed was,

om alleen te wees nie. Dus het God hom in 'n diep slaap laat verval, sodat Hy vir hom 'n gepaste helper kon maak. God het een van die mens se ribbebene geneem, en die wond met vlees bedek, terwyl die man geslaap het. Daarna het Hy 'n vrou uit die ribbebeen geskep, en haar na die man gebring. God het daarna die man met sy vrou verenig, en hulle het een vlees geword (Genesis 2:20-22).

Dit was nie omdat Adam homself eensaam gevoel het nie, maar omdat God ook eensaam vir 'n lang periode was, voor die ontstaan van tyd, en Hy geweet het wat eensaamheid beteken het. God se groot liefde en genade het Hom gelei om vir Adam 'n helper te maak, omdat Hy Adam se situasie vooruit begryp het. Hy het hom en sy vrou geseën, om vrugbaar en voorspoedig te wees, en die aarde te vul.

Adam se lang lewe in die Tuin van Eden

Dus, hoe lank het Adam en sy vrou Eva in die Tuin van Eden gewoon? Die Bybel bespreek nie hierdie aangeleentheid breedvoerig nie, maar jy moet onthou dat hulle langer daar gewoon het, as wat die meeste mense mag dink.

Die Bybel vertel ons deur middel van 'n aantal verse, al hierdie feite. Dus, baie mense dink dat Adam het die verbode vrug geëet, en in selfvernietiging verval, kort nadat God hom in die Tuin van Eden geplaas het. Sommiges van hulle vra, "Die

Bybel sê die geskiedenis van die mensdom is ses duisend jaar oud, maar hoe kan jy die geskiedenis van baie fossiele van 'n paar honderd duisend jaar gelede verklaar?"

Die geskiedenis van die menslike ontwikkeling in die Bybel is ongeveer 6,000 jaar, vanaf die tyd wat Adam en Eva uit die Tuin van Eden verdryf is. Dit sluit nie die lang periode in wat hulle in die Tuin van Eden gewoon het nie. Met die verloop van tyd het daar groot geologiese en geografiese veranderinge, soos korsvorming en verskeie siklusse van reproduksie en verjaring, op die aarde plaasgevind. Soos in Hoofstuk 1 bespreek, baie fossiele is bevestiging van hierdie feite.

Net soos wat God vir Adam en sy vrou in Genesis 1:28 geseën het, voordat hy vervloek was, en na God se wil gelewe het, het hul baie kinders gehad, en die Tuin van Eden gevul. Soos die meester van alle geskepte dinge het Adam alles op die aarde, asook die Tuin van Eden oorwin en bestuur.

2. Adam was Ongehoorsaam uit Sy Eie Vrye Wil

God het vir Adam en Eva elkeen hul eie vrye wil gegee, en hulle toegelaat om in die Tuin van Eden oorvloed en vreugde te geniet. Nogtans was daar een ding wat God hulle verbied het. God het hulle beveel om nie van die boom van die kennis van goed en kwaad te eet nie.

Indien Adam God se hart geken het en Hom waarlik liefgehad het, sou hy nie van die verbode vrugte geëet het nie, omdat van God se bevel geweet het. Nogtans het hy nie hierdie spesifieke bevel gehoorsaam het nie, omdat hy nie vir God waarlik liefgehad het nie.

God het die boom van die kennis van goed en kwaad in die Tuin van Eden geplaas, en 'n streng wet tussen God en die mens daargestel. Hy het die mens toegelaat om die bevel uit sy eie vrye wil te eerbiedig. Die rede daarvoor was dat Hy getroue kinders wou bekom, wie Hom uit die diepte van hulle harte sal gehoorsaam.

Adam verwaarloos die Woord van God

In die Bybel belowe God dikwels seëninge aan hulle wie al Sy bevele gehoorsaam, en Sy Woord goed onderhou (Deuteronomium 15:4-6, 28:1-14). Nogtans, wie gehoorsaam al Sy bevele? Selfs die Bybel moet toegee dat daar slegs 'n paar mense is wie dit kan doen.

God moes tog vir die eerste mens, Adam, vertel het dat hy die ewige lewe en seëninge kon geniet het, solank as wat Hy aan God gehoorsaam sou wees. Die ewige dood sou op hom wag, indien hy ongehoorsaam sou wees. God het hom gewaarsku, om nie van die boom van die kennis van goed en kwaad te eet nie.

Nogtans het Adam en Eva God se bevel veronagsaam, en van die verbode vrugte geëet. Satan het probeer om God se plan, om vanaf die begin, opregte geestelike kinders te skep, te ontwrig. Laastens het Satan met die hulp van die slang, die listigste van al die wilde diere, daarin geslaag om hulle te oorreed om daarvan te eet (Genesis 3:1). Adam en Eva het God se bevel veronagsaam. Hoe dan dat Adam God se bevel veronagsaam het, alhoewel hy 'n lewende gees was en deur God slegs die waarheid geleer was?

In Genesis 2:15, vind ons dat God vir Adam in die Tuin van Eden laat woon het, sodat hy dit kon bewerk het. Adam het van God die krag en magtiging ontvang, om dit te bestuur en op te pas. God het hom dit laat bewaak, uit vrees dat die vyandige duiwel of Satan daar dalk mag inbreek. Nieteenstaande, Satan was suksesvol om die slang te beheer, en daardeur vir Adam en Eva te verlei. Hoe was dit moontlik?

Met een woord, Satan is 'n sondige gees wat oor die koninkryk van die lug beheer het. Satan het geen vorm nie. In Efesiërs 2:2, word na Satan verwys as die vors van die onsigbare bose magte, die gees wat daar nou aan die werk is in die mense wat aan God ongehoorsaam is.

Aangesien Satan soos radiogolwe in die lug beweeg, kon Satan die slang in die Tuin van Eden beheer, om Adam en Eva te verlei. Genesis 1 wys 'n spesiale herhaaldelike sinsnede. Aan die einde van elke skeppingsdag herhaal die Bybel, "God het gesien dat dit goed was." Hierdie sinsnede was nie aan die einde van die tweede dag, toe die ruimte gemaak was, gespreek nie. Weereens, Efesiërs 2:2 spreek van 'n tyd "waarin julle gelewe het soos hierdie sondige wêreld en julle laat lei deur die vors van die onsigbare bose magte, die gees wat daar nou aan die werk is in die mense wat aan God gehoorsaam is." God het vooraf geweet dat bose geeste sal die mag oor die koninkryk van die lug hê.

Eva val vir die versoeking van die slang

Die slang is grotendeels een van die diere van die veld. Hoe het die slang dit reggekry, om Eva te verlei om teenoor God se bevel, ongehoorsaam te wees?

In die Tuin van Eden kan 'n mens met allerhande lewende dinge soos blomme, bome, voëls wilde diere kommunikeer. Eva kon ook met die slang kommunikeer. Oorspronlik was slange deur die mense geliefd en het goed saam geleef, anders as in vandag se lewe. Hulle was sag, skoon, lank, rond en wys sodat hulle Eva se gunstelinge was. Hulle het haar goed geken, en haar plesier verskaf. Dit is dieselfde met honde wat deur hulle eienaars verkies word, omdat hulle mooier, verstandiger en getrouer as ander diere is.

Nogtans sê baie mense, "Slange is verskriklik, giftig en walglik." Hulle verafsku feitlik onmiddellik slange, omdat 'n slang die oorsaak was dat Adam en Eva ongehoorsaam was teenoor God, en in die ewige verderf beland het.

Om die natuur van die slang te verstaan, moet 'n mens die karakter van die oorspronklike grond ken. Elke grondsoort het verskillende bestanddele en samestellings, in verhouding tot die soort grond. In ooreenstemming met die byvoegings tot die grond, mag die grond goed of swak word. Toe God alle soorte wilde diere van die veld, en alle soorte voëls in die lug geskep het, het Hy elke grondsoort wat geskik was vir elke dier, uitgesoek (Genesis 2:19).

God het eerstens nie die slang slu gemaak nie. God het dit wys genoeg gemaak, om deur die mens aanvaar te word. Nogtans het die slang slu geword, nadat die bose natuur daarvan besit geneem het. Indien die slang nie Satan se stem gehoor het nie, maar God se wil uitgevoer het, sou dit 'n wyse en slim dier geword het. Omdat die slang geluister het en Satan se stem gehoorsaam het, het die slang 'n slu dier geword, wat Eva verlei het om in die ewige verderf te beland.

Omdat Eva die Woord van God verander het

Die slang het geweet dat God vir Adam gesê het: "Van al die bome in die tuin mag jy eet soos jy wil, maar van die boom van alle kennis mag jy nie eet nie. Die dag as jy daarvan eet, sterf jy" (Genesis 2:16-17). Dus het die slang vir Eva op 'n listige wyse gevra, "Het God werklik gesê julle mag van geen boom in die tuin eet nie?" (Genesis 3:1).

Hoe het Eva daarop geantwoord?

"Ons mag eet van die vrugte van die bome in die tuin. God het net gesê ons mag nie eet van die vrugte van die boom in die middel van die tuin nie en ons mag dit nie aanraak nie, want dan sterf ons" (Genesis 3:2-3).

God het 'n duidelike waarskuwing aan Adam gerig: "Maar van die boom van alle kennis mag jy nie eet nie. Die dag as jy daarvan eet, sterf jy" (Genesis 2:17). Hy het beklemtoon dat hulle nie sal bly lewe, indien hulle van die boom eet nie. Alhoewel, Eva se reaksie nie baie duidelik was nie. Sy het slegs vaagweg gereageer, "Jy sal sterf." Sy het die woord "sekerlik", weggelaat. Met ander woorde, sy reken, "Indien jy van die verbode vrugte eet, mag jy of mag jy dalk nie sterf nie."

Sy het nie God se bevel in haar gedagtes eerbiedig nie, en God se Woord 'n bietjie in twyfel getrek. Nadat die slang haar vae en twyfelagtige antwoord gehoor het, het hy inbeweeg om haar meer ernstig te verlei. Dit het selfs God se bevel verdraai. Die slang het vir die vrou gesê, "Jy sal sekerlik nie sterf nie." Dit het begin om God se bevel te wysig, en om die vrou aan te moedig: "Maar God weet dat julle oë sal oopgaan die dag as julle van daardie boom eet en dan sal julle soos God wees deurdat julle alles kan ken" (Genesis 3:5). Dit het haar nuuskierigheid nog verder geprikkel.

Eva was ongehoorsaam uit haar eie vrye wil

Nadat Satan sinnelose begeertes in die vrou se ontroue gedagtes geplaas het, het die boomverhaal verskil van dit wat sy tot op daardie stadium van bewus was. Genesis 3:6 lees, "Toe besef die vrou dat die boom se vrugte goed is om te eet en mooi om na te kyk en begeerlik omdat dit kennis kan gee. En sy het van sy vrugte gepluk en geëet. Sy het ook vir haar man by haar gegee, en hy het geëet."

Sy kon die lustigheid van die slang totaal verdryf het. Die lusstigheid van die mens, haar verleidelike oë, en die trots van haar lewe het haar tot die sonde van ongehoorsaamheid gedryf.

Sommiges sê, "Het Adam en Eva nie van die boom van die kennis van goed en kwaad geëet, omdat hulle van 'nature sondig' was nie?" Hulle het geen sondige natuur gehad nie, maar net goedheid voordat hulle ongehoorsaam was. Hulle het slegs hulle eie vrye wil gehad, waardeur hulle kon of nie kon eet van die verbode vrugte, in teenstelling met God se bevel.

Met die verloop van tyd het hulle God se bevel versuim. Daarna het Satan hulle deur die slang versoek, en kon hulle die versoeking nie weerstaan nie. Op daardie wyse het hulle gesondig, en het hulle God se bevel wat hy gegee het, ontheilig.

Dit is dieselfde geval wanneer kinders sondig opgroei. Selfs 'n kind wie ondeund met sy dade en woorde optree, is nie altyd so sondig of ondeund sedert sy geboorte nie. Eerstens begin hy ander kinders se kru en vloekwoorde naboots, sonder om hulle betekenis werklik te verstaan. Hy mag dalk iemand wat 'n ander seun slaan navolg, en dit geniet om ander seuns te slaan, en genot daaruit put om hulle dan te sien huil. Met die herhaaldelike slanery van ander, verwek hy sonde en dit neem binne hom toe.

Op dieselfde wyse het Adam nie 'n sondige natuur vanaf die begin gehad nie. Toe hy God se bevel verontagsaam het, en van die boom se vrugte uit sy eie vrye wil geëet het, was sonde verwek en sondigheid in hom gevestig.

3. Die Loon van die Sonde is die Dood

Net soos wat God vir Adam gesê het, "Jy moet nie van die boom van die kennis van goed en kwaad eet nie. Wanneer jy daarvan eet, sal jy sekerlik sterf," Adam en Eva het sekerlik gesterf nadat hulle van die boom geëet het. In Jakobus 1:15 staan geskrywe, "Daarna, as die begeertes bevrug geraak het, bring dit die sonde voort; en as die sonde ryp geword het, loop dit uit op die dood."

In Romeine 6:23 leer ons omtrent die wet van die geestelike koninkryk, dat die gevolg van sonde die volgende is, "Die loon vir die sonde is die dood." Laat ons kyk hoe die dood na Adam en

Eva gekom het, omdat hulle ongehoorsaam was.

Dood van hulle geeste

God het duidelik vir Adam gesê, "Van die boom van die kennis van goed en kwaad sal jy nie eet nie, die dag as jy daarvan eet, sal jy sekerlik sterf." Nogtans het hulle nie onmiddellik gesterf, nadat hulle God se bevel verontagsaam het nie. Hulle het nog lank gelewe, en nog baie kinders voortgebring. Dus, wat was die "dood" waaroor God gewaarsku het?

Hy het nie die dood van hul liggame bedoel nie, maar die dood van hul geeste. Mense word geskep met 'n gees wat met God kan kommunikeer, 'n siel wat die dienskneg van hul gees is, en 'n liggaam waarbinne hul gees en siel bly. 1 Tessalonisense 5:23 sê dat die mens met 'n gees, siel en liggaam toegerus is. Toe Adam en Eva ongehoorsaam was teenoor God se bevel, het hulle geeste, die hoofdeel van die mens, gesterf.

God is onberispelik en vlekkeloos, en die Heilige Een wie in 'n onbereikbare lig woon. Dus kan sondaars nie by Hom wees nie. Adam kon met God gekommunikeer het terwyl hy 'n lewende gees was, maar hy kon nie langer meer met God kommunikeer, nadat sy gees as gevolg van die sonde, gesterf het nie.

Die begin van 'n pynlike lewe

Die Tuin van Eden was 'n mooi plek met alles in oorvloed, geen bekommernisse en spanning nie. Adam en Eva kon daar vir altyd bly, en die lewensvreugde geniet. Hulle was uit die Tuin van Eden uitgedrywe, nadat hulle gesondig het. Vanaf daardie tyd het hulle probleme en ontberinge begin.

Die vrou het begin om meer pyn tydens swangerskappe te ervaar. Sy het 'n hunkering na haar man gehad, en haar man het begin om oor haar te heers. Eers nadat die man die ruwe aarde, deur harde arbeid weer vrugbaar gemaak het, kon hy al die dae van sy lewe eet (Genesis 3:16-17).

God het vir Adam in Genesis 3:18-19 gesê, "Die aarde sal vir jou dorings en dissels laat uitspruit, en jy sal veldplante eet; net deur harde werk sal jy kan eet, totdat jy terugkeer na die aarde toe, want daaruit is jy geneem. Stof is jy, en jy sal weer stof word." Deur hierdie verse impliseer God dat die mens na 'n handvol stof moet terugkeer.

Omdat Adam, die voorvader van alle mense, sonde as gevolg van sy ongehoorsaamheid gepleeg het, en sy gees daardeur gesterf het, sal al sy afstammelinge as sondaars gebore word, en almal die weg van die dood gaan.

Romeine 5:12 gee Adam se nalatenskap weer: "Verder nog dit; Deur een mens het die sonde in die wêreld gekom en deur die sonde die dood, en so het die dood tot al die mense deurgedring, omdat almal gesondig het."

Alle mense word gebore met die oorspronklike sonde

God stel mense in staat om vrugbaar te wees en te vermeerder, deur middel van die lewenssaad wat Hy tydens hul skepping vir hulle gee. Mense word verwek deur die eenwording van 'n sperm en 'n eiersel, wat God vir elke man en elke vrou as die lewessaad gegee het. Omdat die sperm of die eiersel die karaktereienskappe van elke ouer het, sal die baba na die eenwording van die sperm en die eiersel, sy of haar ouers se ooreenkomste soos: voorkoms, karaktertrekke, smaakgewoontes, geaardheid, voorkeure, stapmaniere en nog meer weerspieël.

Op daardie wyse is Adam se sondige natuur na al sy afstammelige oorgedra, aangesien Adam die voorvader van al die sondige mense is. Dit word die "oorspronklike sonde" genoem. Adam se afstammelinge is met die oorspronklike sonde gebore. Dus is alle mense onvermydelike sondaars.

Sommige ongelowiges kla, "Waarom of hoe op aarde kan ek 'n sondaar wees? Ek het geen sonde gedoen nie." Of ander vra, "Hoe kan Adam se sonde na my toe oorgedra word?"

Laat ons 'n kind as voorbeeld neem. 'n Dagmoeder het 'n kind wie jonger as een jaar oud is. Sy borsvoed 'n ander kind, voor die oë van haar eie kind. Dit is baie moontlik dat haar eie baba ontsteld sal raak, en die ander baba sal probeer wegstoot. Indien die moeder nie ophou om die ander baba te versorg nie, of die borsvoeding gaan voort, sal haar eie baba die moeder of die ander baba begin stamp of slaan. Indien die moeder voortgaan om vir die ander baba melk te gee, mag haar eie baba in trane uitbars.

Alhoewel niemand die klein baba omtrent afguns, jaloesie, haat, gulsigheid of agressie geleer het nie, het die baba daardie slegte gewoontes in sy gedagtes, sedert sy geboorte. Hierdie feit verduidelik dat mense met die oorspronklike sonde, wat hulle by hulle ouers oorgeërf het, gebore is.

Hoeveel meer sondes word deur 'n persoon gedurende sy leeftyd gepleeg? Jy moet verstaan dat dit nie net sondes is wat deur handelinge gepleeg word nie, maar elke sondige gedagte is voor God, wie die lig self is, 'n sonde. God bemerk en hou sondigheid in die gedagtes dop, soos byvoorbeeld, haat, gulsigheid, verwerping en nog baie meer.

Daarom. sal geen mens op grond van wetsonderhouding deur God vrygespreek word nie; inteendeel, deur die wet leer 'n mens wat sonde is. Almal het gesondig en is ver van God af. (Romeine 3:20, 23).

Nie slegs die mens nie, maar alles was vervloek

Nadat Adam, wie die heerser oor alles was, gesondig en

vervloek was, was die land en alle lewende hawe, alle wilde diere van die veld en die voëls in die lug saam met hom vervloek. Sedert daardie tyd het skadelike insekte soos vlieë en muskiete, wat allerhande soorte peste versprei, hul ontstaan gehad.

Die land het begin om dorings en dissels te produseer, en die mens kon slegs deur swoeg en sweet, plante vir voedsel oes. Mense was gedwing om trane, droefheid, pyn, siekte en die dood te ervaar, omdat hulle op die aarde vervloek was.

Daarom, Romeine 8:20-22 lees, "Die skepping is immers nog aan verydeling onderworpe, nie uit eie keuse nie, maar omdat God dit daaraan onderwerp het. Daarby het Hy die belofte van hoop gegee: die skepping sal self ook bevry word van sy verslawing aan die verganklikheid, om so tot die vryheid te kom wat hoort by die heerlikheid van die kinders van God. Ons weet dat die hele skepping tot nou toe sug in die pyne van verwagting."

Dus, hoe was die slang vervloek? In Genesis 3:14, sê God aan die slu slang wat die mens mislei het om te sondig, "Omdat jy dit gedoen het, is jy vervloek onder al die diere. Op jou maag sal jy seil en stof sal jy eet, jou lewe lank." Alhoewel slange eet nie stof nie, maar wel lewende diere soos voëls, paddas, muise of insekte. God het duidelik gesê, "En stof sal jy eet al die dae van jou lewe." Hoe moet jy dan hierdie vers verklaar?

Die "stof" hier simboliseer "mense wie uit die stof van die grond gemaak word" (Genesis 2:7), en die "slang" verwys na die vyandige duiwel en Satan (Die Openbaring 20:2). "Stof sal jy eet al die dae van jou lewe" simboliseer dat Satan en die duiwel verslind mense wie nie volgens God se Woord lewe nie, maar eerder die pad van die sonde bewandel.

Selfs God se kinders belewe probleme en ontberings wat Satan en die duiwel veroorsaak, indien hulle slegte dinge en sonde teen God se wil pleeg. Vandag nog is Satan en die duiwel besig om soos 'n brullende leeu rond te sluip, op soek na iemand om te verslind (1 Petrus 5:8). Indien hulle iemand vind, word hy of sy vasgevang deur die sondevloek, en mislei op die weg van selfvernietiging. Indien moontlik probeer hulle selfs die kinders van God mislei.

Satan en die duiwel probeer om hulle wie sê, "Ek glo in God,", maar onseker is van God se Woord, in die versoeking te bring, en op die weg van selfvernietiging te lei. Gewoonlik sal Satan en die duiwel jou probeer versoek deur hulle die naaste aan jou soos byvoorbeeld jou gade, vriende of familielede-op dieselfde wyse as wat hulle vir Eva deur die slang versoek het, terwyl dit haar geliefde dier was.

Byvoorbeeld, jou gade of jou vriend mag vra, "Is dit nie genoeg dat jy slegs die Sondagoggend se erediens bywoon nie? Moet jy altyd die Sondagaand se erediens ook bywoon?" of "Probeer jy altyd jou beste om elke dag te vergader?" "God neem waar en ken die binnekant van jou hart, omdat Hy alwetend en almagtig is. Is dit nodig om Hom altyd aan te roep tydens gebed?"

God beveel ons om te sorg dat ons die sabbatdag heilig hou (Eksodus 20:8), probeer om in die naam van die Here te vergader (Hebreërs 10:25), en roep Hom aan in gebed (Jeremia 33:3). Satan kan ewemin hulle versoek of ontleed wie volledig met die Woord van God omgaan, en daarvolgens handel (Matteus 7:24-25).

Net soos wat Efesiërs 6:11 sê, "Trek die volle wapenrusting aan wat God julle gee, sodat julle op julle pos kan bly ondanks die listige aanslae van die duiwel," moet julle jul selfs met die ware Woord van God toerus, en heldhaftig die vyandige duiwel en Satan deur geloof, verdrywe.

4. Waarom het God die Boom van die Kennis in die Tuin van Eden geplaas?

God het nie die boom van die kennis van goed en kwaad in die Tuin van Eden geplaas, om daardeur die mens te vernietig nie, maar om vir hulle ware geluk te gee. Sonder begrip vir God se groter plan sal baie mense God se liefde en oordeel misverstaan, en selfs nie in Hom glo nie. Hulle lewe 'n doellose en lewelose lewe, sonder om hul doel in die lewe te vind.

Waarom dan het God die boom van die kennis van goed en

kwaad in die Tuin van Eden geplaas, en waarom bring dit vir jou groot seëninge?

Adam en Eva het nie ware geluk geken nie

Die Tuin van Eden was ongelooflik mooi, en meer oorvloedig as wat jy jou kan voorstel. God het verskillende boomsoorte daar laat groei. Dit was 'n lus om te aanskou, en goeie voedsel gewees. In die middel van die Tuin van Eden was die boom van die lewe, asook die boom van die kennis van goed en kwaad geplaas gewees (Genesis 2:9).

Waarom het God dan die boom van die kennis van goed en kwaad saam met die boom van die lewe in die middel van die Tuin geplaas, sodat dit so maklik sigbaar kon wees? God het dit nooit doelbewus daar geplaas, sodat hulle versoek moes word om daarvan te eet nie, en dat dit tot hul vernietiging kon lei nie. Daar was 'n voorsienigheid van God om ons met betrekking tot die boom van die kennis van goed en kwaad, beter te laat verstaan, om daardeur Sy ware en geestelike kinders te word, wie Sy hart kon begryp.

Terwyl mense trane, hartseer, armoede of siektes ervaar, mag hulle dalk dink dat Adam en Eva baie vreugde in die Tuin van Eden belewe het, omdat hulle nie hierdie wêreld se trane, hartsee, armoede of siekte ervaar het nie. Alhoewel die mense in die Tuin van Eden het nie ware geluk of ware liefde geken nie, omdat hulle nooit die werklikheid daarvan ervaar het nie.

Laat ons 'n voorbeeld neem. Daar was twee seuns gewees. Een seun was gebore en het in armoede opgegroei, die ander een daarenteen was in oorvloed gebore, en het sy lewe geniet. Indien jy vir altwee van hulle 'n baie duur item as 'n geskenk gee, watter reaksie kan jy van elkeen verwag? Aan die eenkant sal die seun wie in weelde grootword, minder dankbaar wees, omdat hy selde die waarde van 'n geskenk kan ervaar. Aan die anderkant sal die seun wie in armoede grootword, baie dankbaar wees daaroor, en die geskenk as baie kosbaar beskou.

Ware vreugde kom deur relatiwiteit

Op dieselfde wyse, hulle wie relatiewe dinge van vryheid of oorvloed ervaar, ken en geniet ware geluk of ware vryheid. Andersins as die Tuin van Eden, is daar baie relatiewe dinge op hierdie aarde teenwoordig. Indien jy graag wens om die ware waarde van enigiets te ken en te geniet, moet jy sy relatiewe dinge ervaar. Jy kan nie sy ware waarde tenvolle besef, alvorens jy nie sy teenoorgestelde aspekte ervaar het nie.

Byvoorbeeld, indien jy graag ware vreugde wil ervaar, moet jy eers ongelukkigheid belewe. Indien jy ware liefde wil ervaar, moet jy eers haat belewe. Jy kan nie die waarde van goeie gesondheid besef, alvorens jy nie in pyn, as gevolg siektes of swak gesondheid verkeer nie. Jy sal nie die waarde van die ewige lewe besef, en nie teenoor God die Vader, wie die goeie hemel voorberei, dankbaar wees alvorens jy nie verstaan dat die dood en die hel sekerlik bestaan nie.

Die eerste mens, Adam, het alles geniet wat hy gewens het om te eet, en verder het hy die magtiging gehad om alles in die Tuin van Eden te bestuur. Hy het alles bekom, sonder om sy brood in die sweet van sy aangesig te verdien. Om daardie rede het hy geen teken van dankbaarheid teenoor God getoon nie. Hy het ook nie God se genade, en die liefde in sy hart ervaar nie.

Later het Adam God se bevel verwerp, en van die verbode vrugte geeët. Hy was tot op daardie stadium 'n lewende gees, maar nadat hy gesondig het, het sy gees gesterwe, en het hy 'n mens van vlees geword. Hy en sy vrou was uit die Tuin van Eden uitgedrywe, en het op die aarde kom woon. Hy het begin om dit wat hy nooit in die Tuin van Eden verduur het: trane, hartseer, siektes, pyn, ongeluk, dood en nog meer, te ervaar. Laastens het hy begin om alles wat die teenoorgestelde van vreugde was in die Tuin van Eden, te ervaar.

Op hierdie wyse kon Adam en Eva verstaan wat vreugde en ongelukkigheid, en wat die waarde van vryheid en oorvloed beteken, wat God vir hulle in die Tuin van Eden laat belewe het.

Jou lewe sal betekenisloos wees, indien jy vir ewig lewe sonder om te weet wat vreugde en ongelukkiheid beteken. Indien jy nou ontberings het, sal jou lewe meer waardevol en betekenisvol later wees, sou jy ware vreugde ervaar.

Byvoorbeeld, al sou ouers verwag dat hulle kinders pyn sal deurmaak tydens studies, sal hulle steeds hulle kinders laat skoolgaan. Indien die ouers hulle kinders liefhet, sal hulle hul kinders geredelik help om hard te studeer, of om goeie dinge te ervaar. Dit is dieselfde geval as wanneer God die Vader mense na hierdie wêreld stuur, en hulle ontwikkel as Sy ware kinders deur alle vorme van ervarings.

Om dieselfde rede het God die boom van die kennis van goed en kwaad in die Tuin van Eden geplaas, en nie vir Adam en Eva verbied om uit hulle eie vrye wil, daarvan te eet nie. Hy beplan alle dinge sodat mense alles kan ervaar soos vreugde, toorn, hartseer en plesier in hierdie wêreld, en bekom Sy ware kinders deur die menslike ontwikkeling.

Deur middel van pynlike ervarings, kan hulle uiteindelik die waardevolle betekenis van daardie dinge, uit die diepte van hul harte verstaan.

Omdat hulle dit sal ken en ware vreugde sal ervaar deur die menslike ontwikkeling, sal God se kinders Hom nie weer verraai, soos wat Adam en Eva in die Tuin van Eden gedoen het nie, ongeag hoeveel tyd sal verloop nie. Inteendeel, hulle sal vir Hom liewer wees, en gevul word met vreugde en dankbaarheid, en aan Hom groter eer betuig.

Ware vreugde in die hemel

God se kinders wie trane, hartseer, pyn, siekte, dood en nog meer in hierdie wêreld ervaar het, sal die sewende hemel bewoon, en sal die ewige vreugde, liefde en dankbetuigings daar vir ewig belewe. Hulle sal die perfekte vreugde vir ewig in die hemel ervaar.

In hierdie verganklike wêreld verrot alles en gaan dood, maar daar is geen verrotting, dood, trane en hartseer in die ewige hemelse koninkryk nie. Goud word as die duursaamste metaal in die wêreld beskou, maar al die paaie in die hemelse Nuwe Jerusalem is van suiwer goud gemaak. Hemelse huise word van baie pragtige en waardevolle juwele gemaak. Hoe wonderlik en pragtig is hulle!

Ek het goud en juwele as die kosbaarste geag, totdat ek God ontmoet het. Vandat ek van die ewige koninkryk geleer het, het ek begin om al die ander dinge as ydel en waardeloos te beskou. Lewe in hierdie wêreld is 'n oogwink, in vergelyking met die ewige koninkryk. Indien jy waarlik glo in die ewige hemel, en daarna uitsien, sal jy nooit vir hierdie wêreld lief wees nie. Inteendeel, jy sal net bly dink wat jy moes en kon doen, om een meer persoon te red en hoe jy die evangelie regoor die wêreld kan verkondig. Jy sal vir jouself toekennings in die hemel versamel, deur jou beste offerhandes vir God, uit die diepte van jou hart te bring, sonder om te probeer om vir jouself skatte op die aarde te versamel.

Die apostel Paulus kon sy rowwe lewe verander het aan die

einde, deur vreugde en dankbaarheid, omdat hy die derde hemel kon sien wat God vir hom in 'n visioen vertoon het. Hy moes baie ontberinge as 'n apostel, vir die Christene deurmaak. God het vir hom die mooi van die hemel gewys, en hom daardeur aangemoedig om alles te gee, om uiteindelik die hemel te bereik. Hy was met rottangs geslaan, verskeie pakslae ontvang, gestenig, dikwels in die tronk gesit en sy bloed vergiet terwyl hy God se Woord verkondig het. Ten spyte van dit alles het Paulus geweet, dat al daardie dinge sal beloon word, grotendeels in die hemel sonder perke. Aan die einde was al sy ontberings vir die groot hemelse seëninge.

Mense van God hoop nie vir hierdie wêreld nie. Hulle sien uit na die hemelse koninkryk. Hierdie wêreld is 'n oomblik vir God, maar die lewe in die hemelse koninkryk is ewigdurend. Daar is geen trane, hartseer, lyding of dood in die hemel teenwoordig nie. Dus kan hulle altyd vreugdevol lewe, met die hoop van die groot toekennings wat God hulle mee sal beloon, ooreenkomstig met dit wat hulle gesaai en voortgebring het.

Daarom, ek bid dit in die naam van ons Here Jesus Christus dat jy die groot liefde en voorsienigheid van God die Skepper sal verstaan, en jouself sal voorberei om die hemel binne te gaan, sodat jy die vreugde van die ewige lewe en ware geluk, in 'n ongelooflike pragtige en heerlike hemel kan ervaar.

Hoofstuk 4

Die Verborge Geheim voor die Ontstaan van Tyd

1. Adam se Magte aan die Duiwel oorhandig
2. Die Wet van die Bevryding van die Grond
3. Die Verborge Geheim voordat Tyd Begin
4. Jesus is Ooreenkomstig die Wet Gekwalifiseerd

"Tog is wat ons verkondig wysheid, maar net vir dié wat daarvoor ryp is, en dan 'n wysheid wat nie van hierdie wêreld is of van die heersers van hierdie wêreld nie. Hulle is buitendien aan die ondergaan. Wat ons verkondig, is die wysheid van God, die verborge waarheid wat bedek was en wat God van ewigheid af vir ons voorbestem het tot ons ewige heerlikheid. Nie een van ons heersers van hierdie wêreld het hierdie wysheid geken nie. As hulle dit geken het, sou hulle nie die Here van die heerlikheid gekruisig het nie."

1 Korintiërs 2:6-8

Adam en Eva was in die Tuin van Eden deur die slang versoek, en was ongehoorsaam teenoor God se bevel, en het van die boom van die kennis van goed en kwaad geëet, omdat hulle in hul gedagtes die begeerte gehad het om aan God gelyk te wees. As gevolg daarvan het hulle en hul afstammelinge almal sondaars geword.

Uit 'n menslike oogpunt was Adam en Eva ellendig, omdat hulle uit die Tuin van Eden verdrywe was, en die weg van die verdoemenis moes gaan. Geestelik gesproke egter is dit 'n wonderlike seëning van God, omdat hulle die geleentheid sal kry om deur Jesus Christus saligheid, die ewige lewe en hemelse seëninge te kan geniet.

Deur middel van die menslike opheffing, die verborge geheim tot jou vreugde voordat tyd ontstaan het, was ontvou en die weg na saligheid, was aan alle nasies verkondig. Laat ons verder kyk na die verborge geheim voordat tyd begin het, en hoe die weg na saligheid ontvou het.

1. Adam se Magte aan die Duiwel oorgedra

In Lukas 4:5-6, vind ons dit waar die duiwel probeer om vir Jesus te versoek, nadat Hy 'n 40-dae vasperiode afgehandel het:

Daarna bring die duiwel Hom op 'n hoogte en wys Hom in 'n oogwink al die koninkryke van die wêreld. Toe sê die duiwel vir

Hom: "Aan U sal ek al hierdie mag en majesteit gee, want dit is aan my oorgegee, en ek gee dit aan wie ek wil."

Die duiwel het gesê dat hy die mag aan Jesus sou oordra, omdat hy dit van iemand anders ontvang het. Waarom het God, wie alles beheer, toegelaat dat magte aan die duiwel oorgedra word?

In Genesis 1:28 staan, "Toe het God hulle geseën en vir hulle gesê: 'Wees vrugbaar, word baie, bewoon die aarde en bewerk dit. Heers oor die vis in die see, oor die voëls in die lug, oor al die diere van die aarde, ook oor die diere wat op die aarde kruip.'"

Adam het die mag en krag van God ontvang, om oor alles te bestuur en oor alles te regeer. Hy was die heerser oor alles, maar na die verloop van 'n lang tydperk was hy en sy vrou in die versoeking gelei, deur die listige slang, om van die boom van die kennis van goed en kwaad te eet. Hy het 'n sonde gepleeg, om ongehoorsaam teenoor God te wees. Romeine 6:16 lees, "Julle weet tog: as julle julle aan iemand onderwerp om hom as slawe te gehoorsaam, is julle die slawe van dié een aan wie julle gehoorsaam is. As dit die sonde is, beteken dit vir julle die dood; as dit gehoorsaamheid aan God is, beteken dit vryspraak en lewe." Jy is 'n slaaf van sonde of geregtigheid. Indien jy sondig, is jy 'n slaaf van die sonde, en sal jy die weg van die dood bewandel. Indien jy die Woord van God gehoorsaam, sal jy 'n slaaf van geregtigheid wees, en sal hemel toe gaan.

Adam het 'n sonde van ongehoorsaamheid teenoor God

gepleeg, en daardeur 'n slaaf van die sonde geword. Dus kon hy nie langer die mag en krag wat God hom gegee het, behou nie. Hy moes die mag en krag aan die duiwel oorhandig, net soos wat alle besittings van 'n slaaf aan sy meester behoort. In kort, Adam het sy magte en krag, wat God vir hom gegee het, aan die duiwel oorhandig, omdat hy 'n slaaf van die sonde geword het.

Adam se ongehoorsaamheid, het gelei tot al die mense se sonde. Dit het daartoe gelei dat hy en sy afstammelinge die duiwel as slawe sou dien, en tot die dood verdoem was.

2. Die Wet van die Bevryding van die Grond

Wat moet mense doen om van die vyandige duiwel en Satan bevry te word, en sodoende van die sonde en die dood bevry te word? Sommiges sê, "God vergewe almal onvoorwaardelik, omdat God liefde is. Hy is oorvloedig in barmhartigheid en genade." Alhoewel, 1 Korintiërs 14:40 sê, "Alles moet egter gepas en ordelik geskied." God doen alles op 'n ordelike wyse, in ooreenstemming met die wet van die geestelike koninkryk. God doen niks teen die wil van die geestelike wet nie, omdat Hy die God van geregtigheid en billikheid is.

In die geestelike koninkryk is daar 'n wet om die sondaars te straf. Dit lui, "Die loon van die sonde, is die dood." Daar is ook 'n wet om die sondaars vry te koop. Hierdie geestelike wet moet van toepassing wees, om die magtiging wat Adam aan die duiwel oorgegee het, te herwin.

Dus, wat is die wet van bevryding ten opsigte van sondaars? Dit is die bevrydingwet van die grond, soos wat dit in die Ou Testament opgeteken staan. Voordat tyd ontstaan het, het God die Vader reeds op 'n geheime wyse, die weg van die menslike saligheid ooreenkomstig hierdie wet, beplan.

Wat is die bevrydingswet van die grond?

Hierdie is God se bevel aan die Israeliete, soos opgeteken in Levitikus 25:23-25:

Geen grond mag permanent verkoop word nie, want die land behoort aan My. Julle is slegs vreemdelinge en bywoners by My. Verder moet die reg om grond terug te koop, oral en altyd geld. Wanneer 'n Israeliet deur armoede verplig was om van sy grond te verkoop, moet die naaste manlike familielid dit vir die eienaar terugkoop.

Elke stuk grond behoort aan God, en mag nie permanent verkoop word nie. Indien iemand sy grond weens finansiële probleme moet verkoop, sal God hom of sy naaste familielid toelaat, om die grond terug te koop. Dit is die wet van die bevryding van die grond.

Die Israeliete het die grondkontrak ooreenkomstig die

bevrydingswet opgestel, wanneer daar grond gekoop of verkoop word, sodat die grond nie permanent verkoop kon word nie.

Die verkoper en die koper noteer alle tersaaklike inligting op 'n sertifikaat sodat die verkoper, of sy naasbestaande, dit op 'n later stadium weer kan terugkoop. Hulle maak afskrifte van albei kontrakte, en dan word hul stempels voor twee of drie getuies, daarop aangebring. Een kontrak word verseël en in die heilige tempel se pakhuis gebêre. Die ander kontrak word in 'n ingangsportaal, oop en onverseël, bewaar. Die bevrydingswet van die grond bied aan die verkoper en sy naasbestaande die geleentheid, om op enige toekomstige datum die grond terug te koop.

Die bevrydingswet van die grond en menslike saligheid

Waarom het God die weg na die saligheid, ooreenkomstig die bevrydingswet van die grond, voorberei? Genesis 3:19 en 23 vertel ons duidelik dat die bevrydingswet van die grond, 'n direkte verband met die mensdom se saligheid het:

Net deur harde werk sal jy kan eet, totdat jy terugkeer na die aarde toe, want daaruit is jy geneem. Stof is jy, en jy sal weer stof word (Genesis 3:19).

Daarom het die Here God die mens weggestuur uit die tuin van Eden uit om die aarde te gaan bewerk, die aarde waaruit hy gemaak is (Genesis 3:23).

God het vir Adam na sy ongehoorsaamheid gesê, "Stof is jy, en jy sal weer stof word." Hier simboliseer die "stof" die mens, wie uit stof geskep is. Daarom keer die mens terug na stof, nadat hy gesterf het.

Die bevrydingswet van die grond sê dat alle grond aan God behoort, en mag nie permanent verkoop word nie (Levitikus 25:23-25). Hierdie verse beteken dat alle mense uit stof geskep is, afkomstig van die grond wat aan God behoort, en kan daarom nie permanent verkoop word nie. Dit kom ook daarop neer dat geen magte en krag wat Adam in die Tuin van Eden vanaf God ontvang het, kan permanent verkoop word nie, aangesien dit aan God behoort.

Adam se magte was aan die vyandige duiwel en Satan oorhandig, maar hy wie behoorlik toegerus is daarvoor, kan Adam se verlore magte by die vyandige duiwel terugkry. Ewneens het die God van geregtigheid die perfekte Verlosser, ooreenkomstig die bevrydingswet van die land, voorbestemd. Daardie Verlosser is die Saligmaker van al die mense.

3. Die Verborge Geheim voordat Tyd Begin

Voor die ontstaan van tyd het die God van liefde reeds geweet dat Adam teenoor Hom ongehoorsaam sou wees, en dat al sy afstammelinge sal die weg van die dood bewandel. Hy het die weg van die menslike saligheid in die geheim beplan, en het dit verberg, totdat die tyd van Sy keuse aangebreek het.

Indien die duiwel van God se plan geweet het, sou hy God gepla het met Sy uitvoering van 'n oplossing vir die mens se sonde en sy dood, sodat die duiwel nie sy magte verloor nie. 1 Korintiërs 2:7 merk op dat "Wat ons verkondig, is die wysheid van God, die verborge waarheid wat bedek was en wat God van ewigheid af vir ons voorbestem het tot ons ewige heerlikheid."

Jesus Christus, die Wysheid van God

Romeine 5:18-19 sê, "Soos een oortreding gelei het tot veroordeling vir alle mense, so het een daad van gehoorsaamheid dus ook gelei tot vryspraak en lewe vir almal. Soos baie deur die ongehoorsaamheid van een mens sondaars geword het, so ook sal baie deur die gehoorsaamheid van die een Mens vrygespreek word."

Alle mense sal regverdig en gered word, deur die gehoorsaamheid van een mens net soos wat alle mense sondaars geword het, en die doodsweg gevolg het, as gevolg van een mens se ongehoorsaamheid.

Eweneens, God het vir Jesus Christus gestuur, wie Hy in die geheim op die weg van saligheid voorberei het, en Jesus laat kruisig het, en weer opgewek het. Daarvandaan verderaan, wie ookal in Hom glo, word gered. In 1 Korintiërs 1:18, vertel God ons dat "Die boodskap van die kruis van Christus is wel onsin vir dié wat verlore gaan, maar vir ons wat gered word, is dit die krag van God."

Dit klink vir sommige mense vreemd, dat die Seun van God, die Almagtige, deur Sy skepsels beledig en gekruisig was. Alhoewel, hierdie "vreemde" plan van God is wyser as die wyste menslike plan, en God se "swakste" is baie beter as die beste van die menslike sterkte (1 Korintiës 1:19-24). Die Bybel sê uitdruklik dat niemand regverdig kan word, deur bloot net God se wet waar te neem nie. Nogtans bied God die weg na die saligheid aan elkeen, wie in Jesus Christus glo, op hierdie maklike wyse aan.

Die loon van die sonde, is die dood. Dus, niemand kon gered word, indien Jesus nie vir ons sondes gesterf het nie. Jesus was gekruisig vir ons sondes, en weer opgewek deur God se krag. Eweneens, God het die weg wat swak en vreemd mag voorkom, voorberei, en dit vir 'n lang periode verberg.

God het Jesus Christus en Sy kruisiging verberg, omdat indien die vyandige duiwel en Satan daarvan geweet het, sou hulle die menslike saligheid probeer verhoed het. Die duiwel sou nooit vir Jesus aan die kruis laat sterwe het, indien hy geweet het dat God die weg na die saligheid, deur die kruisiging daar gestel het, om die mens se sondes vry te koop nie. Dit sou hulle red van die dood, en terselfdertyd Adam se magte van die duiwel herwin.

Weereens, onthou 1 Korintiërs 2:7-8: "Wat ons verkondig, is die wysheid van God, die verborge waarheid wat bedek was en wat God van ewigheid af vir ons voorbestem het tot ons ewige heerlikheid."

4. Jesus Is Ooreenkomstig die Wet Gekwalifiseerd

Soos wat enige kontrak voorwaardes het, het die geestelike koninkryk ook voorwaardes, wat voorskriftelik is, dat die Verlosser ook gekwalifiseerd moet wees om die magte vanaf die duiwel, ooreenkomstig die bevrydingswet van die grond, terug te bring.

Byvoorbeeld, veronderstel daar is 'n persoon wat as gevolg van insolvensie, sy besigheid kan verloor. Hy skuld baie, maar is nie in die vermoë om dit terug te betaal nie. Indien hy 'n welaf broer het, wat vir hom lief is, sal sy broer al sy skuld afbetaal.

Alle mense wie sondaars is, sedert Adam se val, benodig 'n Verlosser, wie gekwalifiseerd is om hulle van die sondes te reinig. Wat dan, is die kwalifikasies van die Verlosser? Waarom sê die Bybel dat slegs Jesus gekwalifiseerd is?

Eerstens moet die Verlosser 'n man wees

In Levitikus 25:25 staan geskrywe, "Wanneer 'n Israeliet deur armoede verplig was om van sy grond te verkoop, moet die naaste manlike familielid dit vir die eienaar terugkoop." Die bevrydingswet van die grond bepaal, dat indien 'n persoon armoedig word en sy grond verkoop, kan sy naaste familielid dit later terugkoop wat hy verkoop het.

1 Korintiërs 15:21-22 lees, "Aangesien die dood deur 'n mens gekom het, het die opstanding van die dooies ook deur 'n mens gekom. Net soos almal deur hulle verbondenheid met Adam sterf, so sal almal in Christus lewend gemaak word." Die eerste kwalifiseringsvereiste van die Verlosser, wie Adam se magte kan herwin, is dat hy 'n man moet wees. Hierdie feit word weereens breedvoerig in Die Openbaring 5:1-5:

In die regterhand van Hom wat op die troon sit, het ek 'n boekrol gesien wat aan die voor- en aan die afterkant vol geskrywe was. Toe het ek 'n sterk engel gesien wat met 'n harde stem uitroep: "Wie is waardig om die boek oop te maak deur die seëls daarvan te breek?" Maar niemand in die hemel of op die aarde of onder die aarde was in staat om die boek oop te maak en daarin te kyk nie. Ek het baie gehuil omdat daar niemand gekry is wat waardig was om die boek oop te maak en daarin te kyk nie. Toe sê een van die ouderlinge vir my: "Moenie huil nie. Kyk, die Leeu uit die stam van Juda, die Afstammeling van Dawid, het die oorwinning behaal en kan die boek met die sewe seëls oopmaak."

"'n Boek wat aan die voor- en agterkant vol geskrywe was, verseël met sewe seëls" is 'n aanduiding van 'n kontrak wat deur God en die duiwel opgestel was, nadat Adam ongehoorsaam aan God was en 'n sondaar geword het. Die apostel Johannes kon niemand in die hemel, of op die aarde, of onder die aarde vind wie waardig genoeg was om die boekrol se seëls te verbreek nie.

Dit was omdat die engele in die hemel nie manne was nie. Alle mense op en onder die aarde is sondaars, omdat hulle afstammelinge van Adam is. Daar is slegs duiwelse geeste wat aan die duiwel behoort, met dooie siele wat in die hel sal beland.

Op daardie stadium het een van die ouderlinge vir Johannes gesê, "Moenie huil nie; kyk, die Leeu afkomstig uit die stam van Juda, die Afstammeling van Dawid, het die oorwinning behaal en kan die boek met die sewe seëls open." Hier verwys "die Afstammeling van Dawid na Jesus, wie gebore was as 'n afstammeling van Koning Dawid, uit die stam van Juda (Handelinge 13:22-23). Daarom, Jesus was volgens die bevrydingswet van die grond, gekwalifiseerd.

Sommige mag dalk sê dat "God is die Volkome. Jesus is beslis God, omdat Hy die Seun van God is. Hy is nie 'n mens nie." Onthou, Johannes 1:1 lees "In die begin was die Woord daar, en die Woord was by God, en die Woord was self God." en Johannes 1:14, wat lees "Die Woord het mens geword en onder ons kom woon." God, wie die Woord was, het vlees geword, en het hier op aarde tussen ons kom woon.

Dit was Jesus wie se oorspronklike entiteit God was, en wie vlees soos 'n gewone mens geword het. Hy was die Woord in Sy entiteit, en die Seun van God gewees. Hy het menslikheid en goddelikheid gehad. Alhoewel, hy was gebore en het opgegroei onder menslike omstandighede. Die geskiedenis van die mens word in twee dele verdeel, met die geboorte van Jesus as 'n verdeler: V.C., Voor Christus, en A.D., Anno Domini. Dit alleen getuig dat Jesus vlees geword het, en na die aarde neergedaal het. Die geboorte van Jesus, Sy opgroeityd en Sy kruisiging, is alles deel van hierdie vanselfsprekende feit.

Jesus, is dus 'n man, en kwalifiseer derhalwe daarvoor om ons Verlosser te wees.

Tweedens, Hy mag nie Adam se afstammeling wees nie

'n Skuldenaar kan nie ander persone se skuld terugbetaal nie. Hy wie nie skuld het, en die vermoë het om ander te help, kan dit terugbetaal. Op dieselfde wyse moet die verlosser van alle mense rein en vlekkeloos wees, om sodoende alle mense van die sondes en dood te bevry. Alle mense is Adam se afstammelinge en sondaars, omdat die eerste voorvader van alle mense Adam was, wie 'n sondaar was. Niemand van sy afstammelinge kwalifiseer om die verlosser van die mense te wees nie, aangesien hulle almal sondaars is. Selfs nie die grootste mens in die geskiedenis kan verantwoordelik gehou word, vir iemand anders se sondes nie.

Het Jesus hierdie kwalifikasie? Matteus 1:18-21 beskryf Jesus se geboorte. Hy was verwek deur die Heilige gees, nie deur die eenwording van 'n man en 'n vrou nie. Die verse lees soos volg:

> Toe sy moeder Maria aan Josef verloof was, nog voor hulle getroud was, het dit geblyk dat sy swanger was. Die swangerskap het van die Heilige Gees gekom. Haar verloofde, Josef, wat aan die wet van Moses getrou was maar haar tog nie in die openbaar tot skande wou maak nie, het hom voorgeneem om die verlowing stilweg te verbreek. Terwyl hy dit in gedagte gehad het, het daar 'n engel van die Here in 'n droom aan hom verskyn en gesê: "Josef seun van Dawid, moenie bang wees om met Maria te trou nie, want wat in haar verwek is, kom van die Heilige Gees. Sy sal 'n Seun in die wêreld bring, en jy moet Hom Jesus noem, want dit is Hy wat sy volk van hulle sondes sal verlos."

Ooreenkomstig Sy stamboom was Jesus van Dawid 'n afstammeling gewees (Matteus 1; Lukas 3:23-37). Alhoewel, Hy was deur die Heilige Gees verwek, voordat Maria en Josef een geword het. Daarom het Hy geen sondige natuur gehad nie.

Almal word met die oorspronklike sondige natuur, wat hulle van hulle ouers oorgeërf het, gebore. Met ander woorde, nadat

Adam gesondig het, het hy sy sondige natuur aan al sy afstammelinge oorgedra. Die sondige natuur word tot vandag toe nog oorgeërf, en daardie sonde staan as die "oorspronklike sonde" bekend. Vir hierdie rede is al Adam se afstammelinge sondaars, en kan hulle nie enigiemand verlos nie.

Dus, God die Vader het beplan dat Sy Seun Jesus deur die Heilige Gees, in die moederskoot van die Maagd Maria, verwek moes word. Op hierdie wyse het Jesus vlees geword, en na hierdie wêreld gekom, maar was nie 'n afstammeling van Adam gewees nie.

Derdens, Hy moet die mag hê om die duiwel te oorwin

Weereens, Levitikus 25:26-27 vertel ons:

Wanneer daar nie iemand is wat dit kan terugkoop nie, kan dit gebeur dat die persoon later self genoeg geld bymekaar maak om die grond terug te koop. Die aantal jare wat verloop het sedert die kooptransaksie moet dan in berekening gebring word en die oorspronklike eienaar moet die koper slegs uitbetaal vir die seisoene wat nog oor is tot die volgende hersteljaar. Die oorspronklike eienaar kan dan weer sy grond in besit neem.

In kort, 'n verlosser moet die mag hê om die verkoopte grond te kan terugkoop. 'n Arm persoon kan nie sy vriend se skuld terugbetaal nie, al sou hy dit ookal graag wou doen. Op dieselfde wyse moet die verlosser sondeloos wees, om alle mense van hul sondes te red. Om sondeloos te wees, is 'n mens se sterkpunt in die geestelike koninkryk.

Die Verlosser moet die mag hê om die vyandige duiwel en Satan te verslaan, om sodoende Adam se verlore mag te herwin. Daarom, die Verlosser mag nie die oorspronklike of sy eie sondes hê nie. Slegs 'n sondelose verlosser kan die duiwel oorwin, en alle mense van die duiwel bevry.

Was Jesus sondeloos?

Jesus het geen oorspronklike sonde gehad nie, omdat Hy deur die Heilige Gees verwek was. Hy was volkome aan God se wet gehoorsaam, omdat Hy opgegroei het by ouers wie Godvresend was. Hy het die wet met liefde nagevolg. Hy was op die agste dag na Sy geboorte, besny (Lukas 2:21). Hy het nooit self gesondig nie, maar altyd die wil van God die Vader gehoorsaam, totdat Hy op die ouderdom van 33 gekruisig was (1 Petrus 2:22-24; Hebreërs 7:26).

Jesus kon die duiwel verslaan, en alle mense verlos, omdat Hy geen sonde gehad het nie. Sy "sondeloosheid" was deur Sy baie kragtige dade bevestig. Hy het bose geeste uitgedrywe, blindes weer laat sien, dowes kon weer hoor, verlamdes kon weer loop en baie ander ongeneeslike siektes genees. Toe staan Hy op, bestraf die wind en sê vir die see: "Hou op! Bedaar!" (Markus 4:39)

Laastens, Hy moet 'n offerliefde hê

Selfs 'n ryk man sal nie die grond terugkoop vir iemand, indien hy nie lief is vir die een wie die grond verkoop het nie. Op dieselfde wyse, sal die verlosser vir sondaars moet lief wees, tot die punt dat hy Homself sal offer, om die probleme van sondes, vir eens en vir altyd op te los.

In Rut 4:1-6, was Boas deeglik van Naomi se armoede bewus, en het vir haar naaste familielid, 'n losser, gevra om haar grond terug te koop, indien hy dit wou doen. Nogtans het die man geweier om dit te doen. Die losser sê toe vir Boas: " In daardie geval sal ek my reg om as losser op te tree, laat vaar, want anders sou dit beteken dat my eie eiendom in gevaar kom. Tree jy nou maar as losser op, want ek sien nie meer daarvoor kans nie" (v. 6). Hy het nie die grond vir Naomi en Rut teruggekoop nie, alhoewel hy ryk genoeg was om dit te kon doen. Die rede daarvoor was dat hy geen offerliefde gehad het nie. Na dit het Boas, die volgende naaste losser-familielid, die grond teruggekoop, omdat hy offerliefde gehad het.

Boas het 'n wettige losser geword, en het met Rut getrou omdat hy genoeg liefde gehad het, om Naomi se grond terug te koop. Die seun wat vir Boas en Rut gebore was, was die groot oupa van Koning Dawid, en was in Jesus se stamboom opgeneem.

Jesus was in liefde gekruisig. Jesus was die Woord, maar het vlees geword, en na die aarde gekom. Hy was nie 'n afstammeling van Adam nie, omdat Hy deur die Heilige Gees verwek was. Dus was Hy sonder enige oorspronklike sonde gebore. Hy het die mag gehad om alle mense van hulle sondes te verlos, omdat Hy sondeloos was.

Alhoewel, Hy kon nie die Verlosser word sonder 'n geestelike en opofferende liefde nie, selfs al het Hy nog drie ander kwalifikasies gehad. Hy moes die straf vir sondaars, wat verdoem was, se sondes dra, om sodoende alle mense van hulle sondes te verlos.

Hy moes soos 'n ernstige en gevaarlike misdadiger behandel word, en aan 'n rowwe houtkruis gehang word. Hy moes beledig en bespot word, bloed en water het uit Sy liggaam gevloei, om alle mense te red. Hy moes 'n baie hoë prys betaal, en groot opofferings maak.

Jy kan nêrens in die mens se geskiedenis 'n gebeurtenis vind, waar 'n onskuldige prins as gevolg van sy sondige en onnosele mense moet sterf nie. Jesus is die enigste Seun van God, die Almagtige, die Koning van alle konings, die Here van alle here en die Meester van alle skeppings. So 'n groot, edele en onskuldige Jesus het aan 'n kruis gehang, en gesterf terwyl Sy bloed gestort was. Hoe 'n onmeetbare liefde moes Hy nie vir ons gehad het nie?

Inderwaarheid, Jesus het regdeur Sy lewe net goeie dade verrig. Hy het sondaars vergewe, 'n verskeidenheid siekes genees, baie mense van bose geeste verlos, verkondig die goeie nuus van vrede, vreugde en liefde en verder het Hy vir die mense ware hoop vir die hemel, en die ewige saligheid gegee. Bowenal, het Hy Sy lewe vir sondaars opgeoffer.

Romeine 5:7-8 lees, "'n Mens gee tog nie sommer jou lewe prys nie, selfs nie vir 'n regverdige nie. Ja tog, vir 'n goeie mens sal iemand miskien nog die moed hê om te sterwe. Maar God bewys sy liefde vir ons juis hierin dat Christus vir ons gesterf het toe ons nog sondaars was." God die Vader het Sy enigste Seun Jesus vir ons, wie nie regverdig of goed is nie, gestuur en Hom toegelaat om aan die kruis te hang, totdat Hy sterwe. Daardeur het Hy Sy groot liefde vir ons getoon.

Daarom, bid ek in die naam van die Here dat jy sal verstaan dat jy nie gered kan word in die naam van enigiemand anders, behalwe Jesus Christus nie, of die reg kan bekom om 'n kind van God te wees, sonder om Jesus Christus aan te neem nie, en daardeur vir altyd 'n vreugdevolle lewe te geniet, met die versekering van die ewige saligheid nie!

Hoofstuk 5

Waarom Is Jesus Ons Enigste Verlosser?

1. Die Voorsienigheid van die Saligheid deur Jesus Christus
2. Waarom was Jesus aan 'n Houtkruis gehang?
3. Geen ander naam in die Wêreld as "Jesus Christus"

"Hy is die klip wat deur julle, die bouers, afgekeur is. Juis Hy het die belangrikste klip in die gebou geword. Hý bring die verlossing en niemand anders nie. Daar is geen ander naam op die aarde aan die mense gegee waardeur God wil dat ons verlos moet word nie."

Handelinge 4:11-12

Jy sal God innig liefhê met jou hele hart, wanneer jy Sy ware en spontane voorsienigheid, teenoor die mens se ontwikkeling besef. Nog meer, jy moet Sy liefde en wysheid bewonder, wanneer jy Sy voorsienigheid ten opsigte van die saligheid, deur Jesus Christus besef.

Dus, hoe het die voorsienigheid van die saligheid, wat verborge was voor die ontstaan van tyd, begin om deur Jesus Christus ten uitvoer gebring te word? Ek het vir jou vroeër vertel dat die God van geregtigheid die een voorberei het wie gekwalifiseerd was om alle mense te verlos, ooreenkomstig die geestelike wet, en dat daar niemand onder die hemel is, wie beter as Jesus self gekwalifiseerd is nie.

Jesus is die enigste manlike persoon, maar wie nie 'n afstammeling van Adam was nie, omdat Hy deur die Heilige Gees verwek was, en na die aarde in vlees gekom het. Ter byvoeging hiertoe, Hy het die krag en liefde gehad, om alle mense te verlos. Dus kon Hy die weg na die saligheid vir alle menslike wesens baan, deur gekruisig te word.

Daarom, word in Handelinge 4:12 gesê, "Hý bring die verlossing en niemand anders nie. Daar is geen ander naam op die aarde aan die mense gegee waardeur God wil dat ons verlos moet word nie." Almal wie in Jesus Christus glo en Hom aanneem, se sondes word vergewe en gered. Hy sal uit die duisternis na die lig kom, en die magte en seëninge soos 'n kind van God ontvang.

Nou wil ek aan jou verduidelik waarom jy in Jesus, wie

gekruisig was sodat jy gered kon word, moet glo, om die magte en seëninge soos 'n kind van God te kan ontvang.

1. Die Voorsienigheid van die Saligheid deur Jesus Christus

God het die weg na die saligheid, voor die ontstaan van tyd voorberei. In die boek Genesis word daar omtrent Jesus, en die geheim van die menslike saligheid, deur middel van die kruis, voorspel.

Genesis 3:14-15 lees:

En die Here God sê vir die slang: "Omdat jy dit gedoen het, is jy vervloek onder al die diere. Op jou maag sal jy seil en stof sal jy eet, jou lewe lank. Ek stel vyandskap tussen jou en die vrou, tussen jou nageslag en haar nageslag. Haar nageslag sal jou kop veermorsel en jy sal hom in die hakskeen byt."

Soos voorheen verduidelik, geestelik word na die "slang" as die vyandige duiwel verwys, en "eet van stof" simboliseer die vyandige duiwel wat die mense, wie uit die stof gemaak is, regeer. So ook, "vrou" verwys na "Israel" en "die saad van die vrou" verwys na Jesus. Die sinsnede "Jy [die slang] sal hom aan die hakskeen byt" simboliseer dat Jesus gekruisig sal word, en "hy [die saad van die vrou] sal sy [die slang] se kop vermorsel" gee te kenne, dat Jesus sal die kamp van die vyandige duiwel en Satan opbreek, deur uit die dood op te staan.

Satan kon nie God se plan besef nie

God het die voorsienigheid van die saligheid so geheim gehou, dat die vyandige duiwel en Satan, nie Sy wysheid kon verstaan en begryp nie.

Die vyandige duiwel en Satan het probeer om die nakomelinge van die vrou te verhoed, voordat hulle self vernietig sou word. Hy was van mening dat hy vir altyd die mag sal behou wat aan hom oorgedra was, nadat Adam aan God ongehoorsaam was. Alhoewel, die vyandige duiwel en Satan het nie geweet wie die nakomelinge van die vrou was nie. Dus het hy probeer om die profete, wie sedert die Ou Testament deur God geliefd was, dood te maak.

Tydens Moses se geboorte, het die vyandige duiwel en Satan vir Farao, die koning van Egipte, oorreed om alle seuntjies wie deur Hebreeuse vroue in die wêreld gebring word, dood te maak (Eksodus 1:15-22). Nadat Jesus deur die Heilige Gees verwek was, en na die aarde in vlees gekom het, het die vyandige duiwel en Satan toegesien dat Koning Herodes dieselfde doen.

Alhoewel, God het reeds van die vyandige duiwel en Satan se plan geweet. Die engel van die Here het aan Josef in 'n droom verskyn, en hom versoek om met die baba en sy moeder na

Egipte te gaan. God het die familie toegelaat om daar te woon, totdat Koning Herodes dood was.

Jesus se kruisiging deur God toegelaat

Jesus het onder God se beskerming opgegroei, en het op die ouderdom van 30 met sy evangeliewerk begin. Hy het regdeur Galilea gegaan, verkondiging van die evangelie in die sinagoges, die genesing van alle soorte siekte en kwale onder die mense, opwekking van die dooies en die verkondiging van die evangelie onder die armes (Matteus 4:23, 11:5).

Intussen, het die vyandige duiwel en Satan weer planne beraam dat die hoëpriesters, die leermeesters van die wet, en die Fariseërs Jesus moet doodmaak. Alhoewel, soos jy reeds deur die Bybel weet, 'n sondige mens kan nie eens Jesus aanraak nie, omdat al Sy optredes deur Sy hele lewe, deur God se voorsienigheid plaasvind.

God het die vyandige duiwel en Satan eers na drie jaar van evangeliebediening, toegelaat om Jesus te kruisig. As gevolg daarvan het Jesus 'n doornkroon gedra, en aan 'n houtkruis in ondraaglike pyn gesterf, nadat Sy hande en voete met spykers deurboor was.

Kruisiging is die wreedste vorm van teregstelling. Die vyandige duiwel was verheug nadat hy Jesus op hierdie wrede manier doodgemaak het. Satan het 'n oorwinninglied gesing, omdat hy gedink het dat hy oor die wêreld sal bly regeer, en daar niemand sal wees, wat sy bewind sal bevraagteken nie. Nogtans, was daar God se verborge geheim van die voorsienigheid gewees.

Die vyandige duiwel en Satan verbreek die geestelike wet

God gebruik nie Sy vernaamste krag teenoor die wet nie, aangesien Hy regverdig is. Hy berei die weg na saligheid deur die geestelike wet voor, voordat tyd nog ontstaan het, derhalwe voer Hy alles volgens die geestelike wet uit.

Omdat die loon van die sonde die dood is, volgens die geestelike wet (Romeine 6:23), sal niemand meer die dood vrees, indien hy nie sonde het nie. Alhoewel, die vyandige duiwel en Satan het jesus gekruisig, al was Hy onskuldig en vlekkeloos (1 Petus 2:22-23). Deur dit te doen het die vyandige duiwel die geestelike wet verbreek, en was hy deur sy eie skelmstreek verwek. Hy het 'n instrument van die menslike saligheid geword, wat deur God beplan was. Die nakomelinge van die vrou het sy kop vermorsel, soos in Genesis voorspel.

Oor die algemeen kan 'n slang dit weerstaan, indien jy op sy stert trap, of 'n deel van sy lyf afkap, maar dit kan nie dit weerstaan indien jy sy kop stewig vashou nie. Daarom, die sinsnede, "En Ek sal vyandskap tussen jou en die vrou bring, en tussen jou saad en haar saad; Hy sal jou kop vermorsel, en jy sal hom in die hakskeen byt" geestelik beteken dit dat die vyandige Satan sy krag en mag, as gevolg van Jesus Christus sal verloor.

Die slang wat die hakskeen van die nakomeling van die vrou byt, beteken geestelik dat Satan vir Jesus sal kruisig, soos wat dit in Genesis 3:15 voorspel was.

Saligheid deur Jesus se kruisiging

Die weg na die saligheid, wat deur God verborge was voordat tyd ontstaan het, was vervul toe Jesus op die derde dag na Sy kruisiging, opgestaan het.

Ongeveer 6,000 jaar gelede moes Adam sy magte wat hy van God ontvang het, aan die vyandige duiwel oorhandig, omdat hy die wet van die geestelike koninkryk verbreek het, met sy ongehoorsaamheidhad (Lukas 4:6). Alhoewel, 4,000 jaar later het Satan die weg van selfvernietiging betree, omdat hy die geestelike wet verbreek het.

Daarom, die vyandige duiwel moes hulle wie Jesus aangeneem het as hulle Redder en in Sy naam glo, vrylaat sodat hulle die reg kon bekom, om kinders van God te word. Sou die vyandige duiwel vir Jesus gekruisig het, indien hy van God se wysheid bewus gewees het? Defnitief nie! In 1 Korintiërs 2:8, word ons herinner dat "Nie een van die heersers van hierdie wêreld het hierdie wysheid geken nie. As hulle dit geken het, sou hulle nie die Here van die heerlikheid gekruisig het nie."

Diegene wie vandag nog steeds nie hierdie feit verstaan nie wonder, "Waarom kon God die Almagtige nie Sy Seun teen die dood beskerm nie?" Alhoewel, indien jy die voorsienigheid van die kruis volkome verstaan, sal jy weet waarom Jesus gekruisig moes word, en hoe Hy die Koning van alle konings en die Here van alle here kon word, deur oor die vyandige duiwel triomfantlik te seëvier. Dus, almal wie glo dat Jesus wie aan die kruis gesterf het, die Redder is, en drie dae later opgestaan het, om die mense van hulle sondes te kom verlos, kan regverdig verklaar, en gered word.

2. Waarom was Jesus aan 'n Houtkruis gehang?

Waarom dan, moes Jesus aan 'n houtkruis gehang word? Waarom moes dit 'n houtkruis wees? Uit 'n verskeidenheid teregstellingmetodes, moes Jesus aan 'n houtkruis sterf. Na aanleiding van Galasiërs 3:13-14, was daar drie geestelike redes waarom Jesus aan 'n houtkruis gehang was.

Eerstens, om ons te verlos van die vloek van die wet

Galasiërs 3:13 lees, "Christus het ons losgekoop van die vloek wat die wet meebring, deur in ons plek 'n vervloekte te word. Daar staan naamlik geskrywe: 'Vervloek is elkeen wat aan 'n hout opgehang is.'" Dit verduidelik vir ons dat Jesus ons van die vloek van die wet verlos het, deur aan 'n houtkruis te hang.

Alle mense was vervloek en hulle voorland was die weg van die dood, omdat die eerste mens, Adam, ongehoorsaam was soos geskrywe in Romeine 6:23, "Die loon wat die sonde gee, is die dood." Alhoewel, God het Sy Seun vir die mens gegee, en toegelaat om aan 'n houtkruis te hang, sodat ons van die vloek van die wet verlos kon word (Deuteronomium 21:23).

Verdermeer, Jesus het Sy kosbare bloed aan die kruis gestort. In Levitikus 17 verse 11 en 14 staan:

Omdat die lewe van 'n dier in sy bloed is, het Ek die bloed vir julle gegee om op die altaar versoening te doen vir julle lewens. Omdat bloed versoening bring deur die lewe wat daarin is (v. 11).

Omdat die bloed van enige dier sy lewe is, beveel ek julle, Israeliete, dat julle géén bloed mag eet nie. Omdat die bloed van enige dier sy lewe is, sal elkeen wat dit eet, doodgemaak word (v. 14).

Die skrywer van Levitikus skryf dat die lewe is bloed omdat alle lewende weses bloed nodig het, andersins sal dit sterwe.

Nietemin, wanneer iemand sterf, keer sy vlees terug na stof, en sy siel gaan of hemel toe of hel toe. Om die ewige lewe te ontvang, moet al jou sondes vergewe wees. Om van al jou sondes vergewe te word, moet jy deur die bloed gereinig word, soos in Hebreërs 9:22 weergegee, "Byna alles word volgens die wet met bloed gereinig, en sonder die vergieting van bloed vind daar geen vergewing plaas nie." Vir hierdie rede het die mense gedurende die Ou Testamentiese tye bloed van diere geoffer, wanneer hulle gesondig het. Nogtans, het Jesus Sy kosbare bloed gestort, sodat die mense vir eens en vir altyd van hulle sondes vergewe kon word, om sodoende die ewige lewe te bekom, omdat Hyself nooit die oorspronklike sonde of eie sondes gepleeg het nie.

Eweneens, kan jy die ewige lewe, as gevolg van Jesus se bloed bekom. Dit is, omdat Jesus in jou plek gesterf het, het Hy vir jou die weg gebaan om 'n kind van God te word.

Tweedens, om Abraham se seën te gee

Die eerste gedeelte van Galasiërs 3:14 sê dat "Daardeur kan ook hulle wat nie Jode is nie, deur Christus Jesus deel kry aan die seën wat God aan Abraham toegesê het." Dit beteken dat God gee die seëninge wat Hy aan Abraham gegee het, nie net aan die Israeliete nie, maar ook aan al die nie-Jode wie regverdig verklaar is, deur Jesus as hulle Saligmaker aan te neem.

Abraham was ook beskou as die "vader van geloof" en "God se vriend," en hy het geleef met die seëninge van kinders, goeie gesondheid, lang lewe, welvarend en nog meer. Die rede waarom Abraham oorvloediglik geseën was, lees ons in Genesis 22:15-18:

Die Engel van die Here het weer uit die hemel na Abraham

geroep en gesê: "Dit is Ek, die Here, wat praat. Ek lê 'n eed af by Myself dat Ek jou baie sal seen oor wat jy gedoen het: jy het nie geweier om jou seun, jou enigste seun, aan My te offer nie. Ek sal jou vrugbaar maak en jou nageslag so baie maak soos die sterre aan die hemel en soos die sand van die see. Jou nageslag sal die stede van sy vyande in besit neem. In jou nageslag sal al die nasies van die aarde geseën wees, want jy het My gehoorsaam."

Abraham was gehoorsaam toe God vir hom gesê het, "Trek uit jou land uit, weg van jou mense en jou familie af na die land toe wat Ek vir jou sal aanwys" (Genesis 12:1). Hy was ook gehoorsaam, sonder enige verskonings of klagtes toe God gesê het, "Vat jou seun, jou enigste seun, Isak wat jy liefhet, en gaan na die landstreek Moria toe en offer jou seun as brandoffer daar op een van die berge wat Ek vir jou sal aanwys" (Genesis 22:2). Dit was vir Abraham moontlik gewees, omdat hy in God, wie die dooies kon opwek, geglo het (Hebreërs 11:19). Dit was vir hom moontlik om so geseënd te wees, en ook die vader van die geloof te wees, omdat hy so 'n standvastige geloof gehad het.

Daarom, God se kinders wie Jesus as hul Saligmaker aangeneem het, moet Abraham se geloof hê. Dit sal dan vir jou moontlik wees om eer aan God te bring, deur al die seëninge op die aarde te ontvang.

Derdens, om die belofte van die Gees te ontvang

Die tweede gedeelte van Galasiërs 3:14 lees, "So het ons dan deur die geloof die Gees ontvang wat God beloof het." Dit beteken dat enigeen wie glo dat Jesus aan die houtkruis vir alle mense gesterf het, is van die vloek van die wet verlos, en sal die belofte van die Heilige Gees ontvang. Ter byvoeging hiertoe, wie ookal Jesus as sy Saligmaker aanneem, ontvang die magte soos 'n kind van God, en die Heilige Gees as 'n geskenk en versekering daartoe (Johannes 1:12; Romeine 8:16).

Wanneer jy die Heilige Gees ontvang, mag jy vir God "Abba, Vader" noem (Romeine 8:15), jou naam is in die Boek van die Lewe in die hemel geskrywe (Lukas 10:20), en jy het burgerskap in die hemel bekom (Filippense 3:20). Dit is omdat die Heilige Gees, wie die hart en sterkte van God is jou na die ewige lewe gelei het, deur jou te help om die Woord van God te verstaan, en daarvolgens met geloof te lewe.

Nogtans, sal jy gered word wanneer jy nie alleen Jesus as jou Saligmaker aanneem nie, maar wanneer jy in jou hart glo, dat Hy die mag van die dood en die opstanding oorwin het. Romeine 10:9 bevestig dit: "As jy met jou mond bely dat Jesus die Here is, en met jou hart glo dat God Hom uit die dood opgewek het, sal jy gered word."

Voor die ontstaan van tyd, het God die groot plan onthul, sodat hulle wie geglo het dat Jesus die Saligmaker is, met God kon verenig en Hy hulle op die weg na saligheid kon lei. Die plan is baie wonderlik en verborge. Mense moes die weg van die dood volg, omdat die eerste mens volgens die wet van die geestelike koninkryk gesondig het. Die wet lees dat "Die loon van die sonde is die dood." Nogtans kon hulle van die vloek van die wet verlos word, en in die geloof gered word deur dieselfde wet, omdat Satan die wet van die geestelike koninkryk ontheilig het. Mense moes pyn, probleme en die dood verduur wat die vyandige duiwel daar gestel het, nadat hulle slawe van die sonde geword het, as gevolg van hulle ongehoorsaamheid. Nogtans, wie ookal Jesus as sy Saligmaker aanneem en die Heilige Gees ontvang, kan die saligheid, die ewige lewe, die opstanding en oorvloedige seëninge bekom.

Die voorregte en seëninge gegee aan die kinders van God

Wie ookal sy hart oopmaak en Jesus Christus aanneem, word vergewe en ontvang die reg om 'n kind van God te word, en om vrede en geluk in sy hart te ervaar. Dit is moontlik, omdat Jesus met sy kruisiging al ons sondes vir eens en vir altyd weggeneem het. In Psalm 103:12 word gesê, "So ver as die ooste van die weste af is, so ver verwyder Hy ons oortredinge van ons af." Ook in Hebreërs 10:16-18 lees ons dat "'Dit is die verbond wat Ek met hulle na daardie dae sal sluit, sê die Here. 'Ek sal hulle my wette in die hart gee, in hulle verstand sal Ek dit skrywe.' Dan sê Hy verder: 'Aan hulle sondes en hulle oortredings sal Ek nooit meer dink nie.' Waar die sondes vergewe is, is geen offer daarvoor meer nodig nie."

Daar is niks in die wêreld wat verdien om met 'n kind van God se regte, soos aan hom deur geloof gegee is, vergelyk te word nie. In hierdie wêreld is die regte van die koning en die president se kinders, geweldig belangrik. Hoe groot en belangrik dan is die regte, van God die Skepper, wie oor die wêreld regeer, en die mens se geskiedenis en die heelal beheer, se kinders dan nie?

God aanvaar dit nie as ware geloof wanneer jy slegs sê, "Jesus is die Saligmaker." Jy moet verstaan wie Jesus Christus is, waarom Hy die enigste Saligmaker vir jou is, en ware geloof het, as gevolg van jou kennis daarvan. Dan, met daardie ware geloof, kan jy oor die voorsienigheid van God, soos verborge aan die kruis oor getuig, "Die Here is die Christus en die Seun van die lewende God." Verdermeer, jy kan leef ooreenkomstig God se wil. Sonder hierdie ware geloof uit die hart, is dit baie moeilik vir jou om volgens die Woord van God te lewe. Daarom, soos wat Jesus ons in Matteus 7:21 vertel, "Nie elkeen wat vir My sê: Here, Here, sal in die koninkryk van die hemel ingaan nie, maar net hy wat die wil doen van my Vader wat in die hemel is." Jesus verklaar uitsluitlik dat slegs diegene wie van Jesus eis, "Here, Here", en volgens Sy wil en Woord lewe, sal gered word.

3. Geen ander naam in die Wêreld as "Jesus Christus"

Handelinge 4 skets 'n toneel waar Petrus en Johannes dapper die naam van Jesus Christus, voor die Sanhedrin, plegtig verdedig. Hulle het opreg geglo, dat daar geen ander naam dan "Jesus Christus" is, waardeur iemand die saligheid kan bekom nie, en Petrus, was bemagtig om aan te kondig dat "Hý bring die verlossing en niemand anders nie. Daar is geen ander naam op die aarde aan die mense gegee waardeur God wil dat ons verlos moet word nie" (Handelinge 4:12).

Watter geestelike gevolgtrekkings is daar in die naam "Jesus Christus"? Waarom het God vir ons geen ander naam as Jesus Christus gegee, waardeur ons die saligheid kan bekom nie?

Die verskil tussen "Jesus" en "Jesus Christus"

Handelinge 16:31 sê vir ons, "Glo in die Here Jesus, en jy sal gered word, jy en jou huisgesin." Daar is 'n belangrike rede waarom dit lees "die Here Jesus," en nie slegs "Jesus" nie.

Hier verwys "Jesus" na 'n persoon wie Sy mense van hulle sondes sal red. "Christus" is 'n Griekse woord, wat "Messia" in Hebreeus beteken. Dit is "die een wie gesalf was" (Handelinge 4:27), en dit verwys na die Saligmaker wie die Bemiddelaar tussen God en die mens is. Dus is, "Jesus" die naam van die toekomstige redder, maar "Christus" is die naam van die Saligmaker, wie reeds mense gered het.

Gedurende Ou Testamentiese dae, het God die persoon wie koning sou word, of 'n priester, of 'n profeet gesalf, deur olie oor die aangewese gesalfde persoon, se kop te gooi (Levitikus 4:3; 1 Samuel 10:1; 1 Konings 19:16). Olie simboliseer die Heilige Gees. Daarom, om iemand te salf beteken om die Heilige Gees aan 'n persoon, soos deur God uitverkies, aan oor te dra.

Jesus was as die Koning, die Hoë Priester, en die Profeet gesalf en het na die wêreld as vlees gekom, om alle mense te red ooreenkomstig God se voorsienigheid, wat verborge was voordat tyd ontstaan het. Hy was gekruisig om ons te verlos, en ons Saligmaker te word, deur op die derde dag uit die dood op te staan. Gevolglik, Hy is die Saligmaker wie God se voorsienigheid van die saligheid, voltooi het. Dus is Hy die Christus.

Voor die kruisiging verwys ons na Hom slegs as "Jesus." Nietemin, na die kruisiging en die opstanding, word Hy as "Jesus Christus," "die Here Jesus," of "die Here" aangespreek.

Jy moet weet dat daar 'n groot kragverskil is tussen "Jesus" en "Jesus Christus" is. Jesus is die naam waardeur Hy aangespreek was, voor die vervulling van die voorsienigheid van die saligheid. Die vyandige duiwel vrees nie eintlik die naam "Jesus" nie. Die naam "Jesus Christus," egter, impliseer die volgende drie dinge: die bloed wat ons van ons sondes verlos het; die opstanding wat die mag van die dood verbreek het; en die lewe wat ewigdurend is. By die aanhoor van hierdie naam, sal die vyandige duiwel sidder en bewe van die vrees.

Baie mense versuim die feit, bloot omdat hulle nie die verskil ken nie. Nogtans, is dit waar dat God se werke en antwoorde mag verskil, afhangend van watter naam jy Hom noem

(Handelinge 3:6).

Wanneer jy tot God bid in die naam van die Here Jesus Christus en die feit in gedagte hou, sal jy 'n triomfantlike lewe lei, gevul met spoedige en oorvloedige antwoorde vanaf God Almagtig afkomstig.

Jesus se volkome gehoorsaamheid

Alhoewel Jesus van nature God was, het Hy nooit aangedring op gelyke regte of vasgeklou aan Sy regte as God nie. Hy het Homself as niks beskou; Hy het die nederige posisie van 'n slaaf ingeneem, en in die gedaante van 'n mens verskyn.

'n Goeie dienskneg volg nie sy eie wil nie. Hy werk ooreenkomstig sy meester se wil, en nie volgens sy eie wil nie. Dit is die plig van die dienskneg om die wil van sy meester te gehoorsaam, al is dit in stryd met sy wil of sy gevoelendheid. Jesus was aan God se wil gehoorsaam, met die hart van 'n goeie dienskneg, daarom kon Hy Sy sending van die menslike saligheid, ten uitvoer bring.

God verhef Jesus, wie God se wil gehoorsaam, deur "Ja" en "Amen," op die hoogste vlak te sê, en baie mense laat getuig dat Hy die Here is.

Daarom het God Hom ook tot die hoogste eer verhef en Hom die Naam gegee wat bo elke naam is, sodat in die naam van Jesus elkeen wat in die hemel en op die aarde en onder die aarde is, die knie sou buig, en elke tong sou erken; "Jesus Christus is Here!" (Filippense 2:9-11).

Die naam "Here Jesus" getuig van God se krag

In Johannes 1:3 staan, "Alles het deur Hom tot stand gekom: ja, nie 'n enkele ding wat bestaan, het sonder Hom tot stand gekom nie." Omdat alles in die wêreld deur Jesus geskep is, het Hy die magtiging om oor alles, as die Skepper te regeer. Wanneer Jesus die Seun van God die Skepper, beveel, sal lewelose dinge soos 'n stormwind en golwe Hom gehoorsaam, en kalmeer. Selfs 'n vyeboom sal onmiddellik verdor, wanneer Hy dit vervloek.

Jesus het die mag om sonde te vergewe, en om sondaars te red van hul straf, as gevolg van hul sondes. So, Jesus sê aan 'n verlamde man in Matteus 9:2, "Vriend, wees gerus; jou sondes word vergewe."In vers 6 sê Hy verder, "'Maar Ek gaan nou vir julle die bewys lewer dat die Seun van die mens volmag het om op die aarde sondes te vergewe.' Dan sê Hy vir die verlamde man, 'Staan op, vat jou draagbaar en gaan huis toe.'"

Ter aanvulling hiervan, Jesus het die mag om alle soorte van siektes en gestremdhede te genees, asook om die dooies op te wek. Johannes 11 beskryf 'n toneel waarin die dooieman Lazarus uit die grafkelder kom, met sy hande en voete toegedraai in linne, toe Jesus hom met 'n harde stem beveel het, "Lazarus, kom uit." Hy was reeds vir vier dae dood, en daar was ook al 'n slegte reuk, maar hy het uit die grafkelder as 'n gesonde man gestap.

Eweneens, Jesus gee vir jou wat jy ookal met geloof mag vra, omdat Hy die wonderlike krag van God besit.

Jesus Christus, die liefde van God

Soos wat 1 Johannes 4:10 sê, "Werklike liefde is dit: nie die liefde wat ons vir God het nie, maar die liefde wat Hy aan ons bewys het deur sy Seun te stuur as versoening vir ons sondes." God het Sy ongelooflike liefde vir ons, daardeur getoon. Hy het Sy enigste Seun as 'n versoeningsoffer gestuur, terwyl ons nog sondaars was. God moes baie pyn verduur het, onderwyl Hy die weg na die saligheid geopen het, terwyl Sy Seun vasgespyker was aan die kruis, en Hy bloed gestort het. Hoe het die God van liefde gevoel, terwyl Hy moes toesien hoe Sy enigste Seun, Jesus, gekruisig word? God was nie daartoe in staat, om op Sy troon te sit, en dit te aanskou nie. Matteus 27:51-54 vertel ons hoeveel God moes verduur, terwyl Jesus gekruisig was.

Op daardie oomblik het die voorhangsel van die tempel van bo tot onder middeldeur geskeur. Die aarde het geskud, en die rotse het uitmekaar gebars. Grafte het oopgegaan, en baie gelowiges wat dood was, is opgewek, en hulle het uit hulle uitgegaan. Na Jesus se opstanding het hulle in die heilige stad gekom, waar hulle aan baie mense verskyn het. Toe die offisier en die soldate wat saam met hom vir Jesus bewaak het, die aardbewing sien en die dinge wat gebeur, het hulle baie bang geword en gesê: "Hierdie man was werklik die Seun van God."

Dit wys duidelik vir ons dat Jesus nie oor Sy sondes gekruisig was nie, maar oor God se groot liefde om alle mense op die weg na die saligheid te lei. Nogtans aanvaar of verstaan, so baie mense nie God se wonderlike liefde nie.

Nadat Adam ongehoorsaam was, kon die mensdom hulle nie met God vereenselwig nie, en het eerder deel van die sondige wêreld geword. Nogtans het Jesus na die aarde gekom, om as Bemiddelaar tussen God en ons op te tree, sodat Hy die seëninge van Immanuel aan al die mense kon oordra (Matteus 1:23). Deur Jesus se pyn en ontberings aan die kruis, het ons ware rus en vrede bekom.

Daarom, hoop en vertrou ek dat jy God se groot liefde sal verstaan. Hy wie Sy enigste Seun vir ons as 'n losprys gegee het, om verlos te word van die sonde en die ewige dood. Tesame daarmee Sy opofferende liefde vir die Here wie, al was Hy sonder blaam, namens ons gekruisig was, om ons op die weg na die saligheid te lei.

Hoofstuk 6

Die Voorsienigheid van die Kruis

1. Gebore in 'n Stal en neergelê in 'n Krip
2. Jesus se Lewe in Armoede
3. Gegesel en Sy Bloed Gestort
4. Dra 'n Doringkroon
5. Jesus se Boklere en Onderkleed
6. Vasgespyker deur Sy Hande en Voete
7. Jesus se Bene nie gebreek maar Sy sy deurboor

"Tog het hy óns lyding op hom geneem, óns siektes het hy gedra. Maar ons het hom beskou as een wat gestraf word, wat deur deur God geslaan en gepynig word. Oor óns oortredings is hy deurboor, oor óns sondes is hy verbrysel; die straf wat vir ons vrede moes bring, was op hom, deur sý wonde het daar vir ons genesing gekom. Ons het almal gedwaal soos skape, ons het elkeen sy eie pad geloop, maar die Here het ons almal se sonde op hom laat afkom."

Jesaja 53:4-6

Met God se plan om ware kinders te bekom, was die belangrikste deel dat Jesus na die aarde in vlees gekom het, en die lydende party was as gevolg van verskeie ontberings, en uiteindelik aan die kruis gesterf het. Ten spyte van dit alles, het hy nog steeds die weg na die saligheid vir die mensdom, ten uitvoer gebring.

God se voorsienigheid van die kruis het 'n baie diep geestelike betekenis. Jesus, die enigste Seun van God, was uitgesluit van die hemelse glorie, en was in 'n stal gebore, en het regdeur Sy hele lewe lank in armoede opgegroei.

Verder was hy gegesel en Sy hande en voete deurboor met spykers, en moes Hy 'n doornkroon dra, terwyl Hy bloed en water gestort het, omdat Sy sy met 'n spies deurboor was. Elke ontbering wat Jesus ervaar het, het die oorweldigende liefde van God bevat.

Wanneer jy ten volle die geestelike betekenis van die kruis, en Jesus se ontberings verstaan, sal jou hart sekerlik aangeraak word, en sal jy ware geloof bekom. Jy sal ook antwoorde kan bekom oor knelvrae in jou lewe soos byvoorbeeld, armoede en siektes, asook die ewigdurende koninkryk van die hemel.

1. Gebore in 'n Stal en neergelê in 'n Krip

Jesus, oor die algemeen in nature soos God, was die meester van alle dinge in die hemel en op die aarde, en mees wonderlike en heerlike wese. Nieteenstaande, Hy het na die aarde as vlees gekom, om die mensdom van hulle sondes te verlos, en hulle op die weg van die saligheid te lei.

Jesus is die enigste Seun van God, die Almagtige Skepper. Waarom dan, was Hy nie in 'n luukse plek, of minstens in 'n gerieflike kamer gebore nie? Kon God nie toesien dat Hy in 'n pragtige plek gebore word nie? Waarom het Hy toegelaat dat Jesus in 'n stal gebore word, en in 'n krip neergelê word?

Daar is 'n grondige geestelike betekenis hiervoor. Jy sal weet dat Jesus geestelik op die mees roemryke manier, gebore was. Alhoewel mense dit nie met hulle fisiese oë kon sien nie, was God so verheug oor Jesus se geboorte, dat Hy die baba Jesus omring het, in die teenwoordigheid van 'n groot aantal hemelse gashere en engele, met ligte van groot blydskap. Jy kan 'n mate van Sy opgewondenheid belewe, soos opgeteken staan in Lukas 2:14: "Eer aan God in die hoogste hemel, en vrede op aarde vir die mense in wie Hy 'n welbehae het!" God het ook 'n aantal herders en Wysemanne uit die Ooste gelei, na die baba Jesus om vir Hom te bid.

Al die lofprysinge en aanbidding het plaasgevind, omdat Jesus die weg na die saligheid, deur Sy koms na die wêreld sou open. 'n Groot getal mense sou die hemelse koninkryk, as kinders van God betree, en Jesus die Seun van God sou die Koning van alle konings, en die Here van alle here's word.

God se voorsienigheid versteek in Jesus se geboorte

Tydens Jesus se geboorte het Keiser Augustus 'n bepaling afgekondig, dat daar 'n sensusopname van die hele Romeinse Keiserryk gedoen moet word. Die Jode was onder die koloniale regering van die Roomse, en het na hulle tuisdorpe terug gegaan,om daar te gaan registreer, en om sodoende die Keiser se bevel na te kom.

Josef het saam met sy aanstaande, Maria, van die dorp Nasaret in Galilea na Bethlehem, die stad van Dawid gegaan, omdat hy 'n afstammeling van Dawid was. Maria was aan Josef verloof en die Heilge Gees het vir haar 'n kindjie verwek, voordat hulle soontoe gegaan het. Hulle eersteling, Jesus, is daar tydens hulle verblyf gebore.

Die naam "Bethlehem" beteken "Huis van Brood," en dit was die tuisstad van Koning Dawid (1 Samuel 16:1). Miga 5:1 skryf oor die stad Bethlehem die volgende: "Maar jy, Bethlehem-Efrata, jy is klein onder die families in Juda, maar uit jou sal daar iemand kom wat aan My behoort en hy sal in Israel regeer. Sy begin lê ver terug, in die grys verlede!" Dit was voorspel dat Bethlehem die geboorteplek van die Messias sou wees.

Op daardie stadium was daar geen kamer, in enige herberg, vir Maria en Josef beskikbaar nie, aangesien duisende mense na Bethlehem gekom het om vir die sensus te registreer. Daarom het Maria geboorte, aan 'n baba in 'n stal geskenk. Sy het hom in 'n linnelaken toegedraai, en in 'n krip neergelê. 'n Krip is 'n lang staalhouer wat gebruik word om koeie en perde se voer in te gooi, waaruit hulle dit dan eet.

Dus, waarom was Jesus, wie as die Saligmaker vir die mensdom gekom het, onder sulke haglike en nederige omstandighede gebore?

Om dierlike mense te verlos

Prediker 3:18 lees, "Ek het by myself gedink: dit is ter wille van die mense self dat God hulle toets; hulle moet insien dat hulle niks anders as diere is nie.'"Mense wie die beeld van God verloor het, is soos diere in God se oë. Adam was oorspronklik 'n lewende wese, wie na God se beeld geskep was. Hy was ook 'n mens met gees, omdat God hom slegs die Woord van die waarheid geleer het.

Nogtans het Adam vrugte van die boom van die kennis van goed en kwaad geëet, teen God se bevel, dus het sy gees gesterf en hy kon nie meer met God kommunikeer nie. Verder was hy nie meer heerser oor die skepping nie. Satan het vir Adam aangehits om die sondige weg te volg, en sy suiwer en gelowige hart, het in 'n onsuiwere en ongelowige hart verander.

In jou daaglikse lewe mag jy somtyds die uitdrukking hoor, "Hy is nie beter as 'n dier nie." Jy hoor ook dikwels deur middel van die media, dat sekere mense nie beter as diere is nie. Tot hulle eie voordeel, sal hulle maklik hulle eie bure, kliënte, vriende en familielede bedrieg en kul. Ouers en kinders haat mekaar somtyds, en is selfs bereid om mekaar dan te vermoor.

Mense waag dit soms om sulke sondige dade te pleeg, omdat die siel die meester van die mens geword het, nadat die gees gesterf het, en hulle die beeld van God verloor het, as gevolg van hulle sonde. Net soos diere is hulle van siel en liggaam gemaak, sulke mense sal nie hemel toe gaan nie, en kan nie vir God, Abba Vader noem nie. Jesus was in 'n stal gebore, om sulke mense wie nie beter as diere is nie, te verlos.

Jesus is ware geestelike voedsel

Jesus was neergelê in 'n krip, 'n voerbak vir perde, sodat Hy ware geestelike voedsel vir die mensdom kon wees, wie niks beter as diere is nie (Johannes 6:51).

Met ander woorde, dit was goddelike voorsienigheid om die mens na totale saligheid te lei, sodat hy die verlore beeld van God kon herwin, en die volle plig van 'n mens kon nakom. Wat is dan die volle plig van 'n mens? Prediker 12:13-14 voorsien ons van 'n aantal insigte:

Die slotsom van alles wat jy gehoor het, is dit: Dien God en gehoorsaam sy gebooie. Dit is wat van mense gevra word. God sal rekenskap eis oor alles wat gedoen word, ook oor wat in die geheim gedoen word, of dit goed is of kwaad.

Wat beteken "om God te vrees"? Spreuke 8:13 vertel ons dat "Om die Here te dien, is om te haat wat verkeerd is." Daarom, om God te vrees is om nie meer sonde te doen nie, en om terselfdertyd alle vorme van sonde te verwerp.

Indien jy regtig vir God vrees, moet jy jou allerbeste doen om alle vorme van sonde te verwerp, en daarteen veg tot die punt, dat jy bloed daaroor sal stort. Soos wat studente hard studeer om 'n beter toekoms te verseker, moet jy jou beste doen om God te vrees, en die jou menslike plig nakom, om God se liefde en seëninge te geniet.

In die Bybel kan jy God se bevele soos aan Sy kinders deurgegee soos, "doen dit; moenie dit doen nie; hou dit so; verwerp dit" vind. Aan die eenkant, vertel God ons dat wat die kinders van God veronderstel is om te moet doen is, "bid, liefde, dankbetuigings en nog baie meer. Aan die anderkant beveel God ons om nie dinge te doen wat sal lei tot die dood, haat, owerspel en dronkenskap nie.

Hy vertel ons ook om sekere bevele te gehoorsaam, soos "Hou die Sabbatdag heilig," "Hou by jou beloftes," en jou ewebeeld. God sal ook altyd daarop aandring dat ons dinge wat skadelik is soos "Vermy enige vorm van sonde," "Gooi weg jou gulsigheid," ensovoorts verwerp.

Dit is die mens se plig om God te vrees, en Sy bevele te gehoorsaam. God sal ons op die oordeelsdag, vir elke daad, goed of kwaad, tot verantwoording roep. Dus, indien jy soos 'n dier lewe, sonder om jou pligte as mens na te kom, is dit logies dat jy in die hel sal beland as gevolg van God se oordeel.

Nogtans, Jesus was in 'n stal gebore en in 'n krip neergelê, sodat die mense wie nie beter as diere is nie, verlos kon word en Hy ware geestelike voedsel vir hulle kon word.

2. Jesus se Lewe in Armoede

Johannes 3:35 sê, "Die Vader het die Seun lief en het alles in sy hand gegee." Verder lees jy in Kolossense 1:16, "God het deur Hom alles geskep wat in die hemel en op die aarde is: alles wat gesien kan word en alles wat nie gesien kan word nie, ook die engele om sy troon, en al die geestelike magte. Alles is deur Hom en vir Hom geskep." Met ander woorde, Jesus is die enigste Seun van God die Skepper, en die Here van alle dinge, in die hemel en op die aarde.

Waarom dan, het Hy na hierdie aarde gekom op 'n arm en nederige wyse, terwyl Hy in werklikheid God die Almagtige was en volgens alle meet-instrumente entlik ryk?

Om die mensdom van armoede te verlos

2 Korintiërs 8:9 lees, "Julle ken die genade van ons Here Jesus Christus: hoewel Hy ryk was, het Hy ter wille van julle arm geword, sodat julle deur sy armoede ryk kon word." Die voorsienigheid van God se wonderlike liefde is hierdeur ten

uitvoer gebring. Jesus, alhoewel Hy die Koning van alle konings, die Here van alle heersers en die enigste Seun van God die Skepper was, het Hy die hemelse vreugde versaak, en na die aarde gekom en in armoede geleef, asook die veragting en mishandeling van die mense verduur, om die mensdom van armoede te verlos.

Aan die begin het God die mens geskep, wie van die vrugte kon eet sonder sweet, en 'n voorspoedige lewe kon lei, sonder enig noemenswaardige inspanning. Alhoewel, nadat Adam ongehoorsaam was teenoor die Woord van God, kon die mens slegs voedsel eet deur harde werk, sweet en pyn. As gevolg hiervan, sal die mens dikwels in gebrek en armoede lewe.

Armoede self is nie 'n sonde nie, dus het Jesus nie Sy bloed gestort om ons van armoede te verlos nie. Nogtans, armoede is 'n vloek wat ontstaan het, nadat Adam teenoor God ongehoorsaam was. Dus, Jesus het jou verryk, deur in armoede te lewe.

Sommiges sê dat Jesus se lewenslange armoede, geestelike armoede beteken. Nietemin, omdat Jesus verwek was deur die Heilige Gees en een met God die Vader is, is dit foutief om te dink dat Hy geestelik arm was.

Jy moet dit in gedagte hou dat Jesus in armoede geleef het, sodat Hy jou van armoede kon verlos en jy 'n oorvloedige lewe met dankbetuigings, vir Sy liefde en genade kon lei.

Sommiges sê dat dit verkeerd is om vir geld gedurende gebede te vra. Ander dink weer dat indien jy 'n Christen is, moet jy in armoede lewe. Nogtans, is dit absoluut nie God se wil nie. In die Bybel kan jy baie woorde oor seëninge lees. Byvoorbeeld, in Deuteronomium 28:2-6 lees jy dat:

> As jy luister na die Here jou God, sal al hierdie seëninge oor jou kom en jou lewe verryk. Jy sal geseën wees in die stad, jy sal geseën wees in die oop veld. Jou nageslag sal geseën wees, en die opbrengs van jou lande en die aanteel van jou diere, jou kalweroes en jou lammeroes. Jou oesmandjie en jou knieskottel sal geseën wees. Jy sal geseën wees waar jy ook gaan.

3 Johannes 1:2 spoor ons aan, "Liewe Gaius, ek hoop dat jy gesond is en dat dit in alle opsigte so goed gaan met jou as wat dit geestelik met jou gaan." Om die waarheid te sê, God kies mense soos Abraham, Isak, Jakob, Josef, and Daniël wie almal voorspoedige lewens gelei het.

Om 'n ryk lewe te lei

Met Sy geregtigheid, laat God jou oes wat jy gesaai het. Indien ouers net die beste dinge vir hulle kinders wil gee, wil jou liefdevolle God vir jou enigiets gee, wat jy in die geloof vra (Markus 11:24).

God wil graag vir jou antwoorde en seëninge gee, maar jy kan nie iets ontvang sonder om te vra nie, of wanneer jy sonder deursigtigheid vra. Dus, indien jy probeer om iets te oes wat jy nie gesaai het nie, is jy besig om God te bespot, en dit is teenstrydig met die geestelike wet.

Sommiges mag sê, "Ek wil oes, maar ek kan nie, omdat ek te arm is." Nogtans, in die Bybel kan jy baie mense vind wie baie arm was, maar tog hard probeer het om te oes, en ryklik met seëninge beloon was.

In 1 Konings 17, vind ons dat daar 'n drie en 'n half jaar droogte was. Terwyl die droogte nog geheers het, het 'n weduwee in Sarfat by Sidon, met haar enigste handvol meel in die kruik, en 'n bietjie olie in 'n erdekan, vir Elia 'n roosterkoek gemaak. God was so beïndruk met haar hulp aan Sy dienskneg, en het haar oorvloediglik geseën: die kruik met die meel en die erdekan met die olie het nooit opgeraak, tot die dag wat God weer vir die land reën sou gee nie (1 Konings 17:14).

By een geleentheid gedurende Jesus se tyd, het 'n arm weduwee twee baie klein muntstukke wat minder as 'n pennie werd was, in die tempel se skatkis gesit. Nogtans, het Jesus melding gemaak, deur te sê dat die arm weduwee het meer as al die ander mense bygedra. Dit was omdat sy as gevolg van haar armoede alles gegee het wat sy besit, terwyl die ander slegs 'n gedeelte van hul besittings bygedra het (Markus 12:42-44).

Die belangrikste ding is jou ingesteldheid wanneer jy alles vir God gee. God sien nie die hoeveelheid van jou bydrae nie, maar neem die liefde en geloof waar van jou bydrae, en seën jou oorvloedig daarvolgens.

3. Gegésel en Sy Bloed Gestort

Voor die kruisiging, het Roomse soldate vir Jesus bespot en verag deur Hom in die gesig te slaan, en op Hom te spoeg. Hulle het Jesus ook met 'n sweep, bestaande uit 'n lang leerband, met loodstukkies daarop, gegésel.

Gedurende daardie tydperk was die Romeinse soldate die mees aggressiewe soldate, goed gedissiplineerd, en die wêreld se sterkste mag. Hoe verskriklik moes die pyn nie gewees het, toe hulle Sy klere uitgetrek het, om Hom te gésel nie? Toe hulle Sy liggaam met die sweep gésel, het Sy vlees oopgebars, die bene was sigbaar, en die bloed het daaruit gestroom.

Om die voorspelling van Jesaja te vervul,"Ek het my rug gehou vir dié wat my slaan, my wang vir dié wat my baard uittrek. Ek het my gesig nie weggedraai toe ek bespot en bespoeg is nie" (Jesaja 50:6). Jesus het nooit probeer om enige van die géselsessies te vermy nie.

Om die siektes en ongesteldhede te genees

Waarom dan, was Jesus met 'n sweep geslaan, en waarom het Hy Sy bloed gestort? Waarom het God dit toegelaat om met Sy

Seun te gebeur? Jesaja 53 verduidelik die doel van Jesus se ontberings en beproewing.

Oor óns oortredings is hy deurboor, oor óns sondes is hy verbrysel; die straf wat vir ons vrede moes bring, was op hom, deur sý wonde het daar vir ons genesing gekom. Ons het almal gedwaal soos skape, ons het elkeen sy eie pad geloop, maar die Here het ons almal se sonde op hom laat afkom (Jesaja 53:5-6).

Jesus was deurboor en verbrysel vir jou oortredings en onregverdighede. Hy was gestraf, geslaan totdat Hy bloei om vir jou vrede te bewerkstellig, en om jou van alle siektes te bevry.

In Matteus 9, toe Jesus 'n verlamde man wie op 'n draagbaar was genees het, het Hy eerstens sy sondeprobleem opgelos deur te sê, "Vriend, wees gerus; jou sondes word vergewe" (v. 2). Eers daarna het Jesus vir hom gesê, "Staan op, vat jou draagbaar en gaan huis toe" (v. 6).

In Johannes 5, nadat Jesus 'n persoon wie agt en dertig jaar lank verlam was, genees het, sê Hy vir hom, "Kyk, jy is nou gesond. Moet nou nie meer sonde doen nie, sodat daar nie iets ergers met jou gebeur nie" (Johannes 5:14).

Die Bybel vertel ons dat die siektes oor ons kom, as gevolg van ons sondes. Dus benodig jy iemand wie jou sondeprobleem kan oplos, sodat jy van die siektes bevry kan word. Sonder om bloed te stort, kan daar nie vergifnis wees nie (Levitikus 17:11).

Gedurende die Ou Testamentiese tyd, het die priester

gewoonlik 'n dier as soenoffer geslag, wanneer iemand gesondig het. Alhoewel, dit is nie meer vir jou nodig om 'n dier as jou soenoffer te slag nie, omdat Jesus na die wêreld gekom het en Sy kosbare bloed vir ons gestort het. Die heilige bloed van Jesus was geoffer vir die mensdom se sondes van die verlede, teenswoordige tyd en selfs vir die toekomstige sondes.

Om ons swakhede en siektes op Hom te neem

Matteus 8:17 lees, "So is vervul wat deur die profeet Jesaja gesê is; 'Hy het ons lyding op Hom geneem, ons siektes het Hy gedra.'" Dus, as jy weet waarom Jesus geslaan was en Sy bloed gestort was, en dit glo, dan is dit onnodig om jou oor swakhede en siektes te bekommer.

1 Petrus 2:24 lees, "Hy het self ons sondes in sy liggaam aan die kruis gedra. Daardeur is ons vir die sonde dood en kan ons lewe in gehoorsaamheid aan die wil van God. Deur sy wonde is julle genees." Die teenswoordige tyd word in hierdie vers gebruik, omdat Jesus alreeds die sondes van die hele mensdom verlos het.

Ongeag dat ons glo dat Jesus ons lyding en siektes op Hom geneem het, om gegésel en te gebloei het, hoekom ly sommiges van ons nog as gevolg van siektes?

God sê in Eksodus 15:26, "Julle moet goed luister na wat Ek, die Here julle God sê! Julle moet wat reg is in my oë, gehoor gee aan my gebooie en alles doen wat Ek vir julle voorskryf. Dan sal

Ek geeneen van die siektes waarmee Ek Egipte getref het, oor julle bring nie, want dit is Ek, die Here, wat julle gesond hou." Dit beteken dat indien jy reg doen in die oë van God, geen siekte jou sal affekteer nie, omdat God met Sy oë soos brandende vuur jou daarteen beskerm.

Laat ons 'n voorbeeld gee. Wanneer 'n kind huis toe kom, nadat hy deur 'n buurkind geslaan is, sal die ouers afhangend van hulle geloof, verskillend omtrent so 'n insident reageer.

Een ouer kan soos volg reageer: "Waarom slaan die kinders jou altyd? Wanneer hulle jou weer slaan, slaan hulle twee of driekeer terug." 'n Ander ouer sal mootlik die ouer van die kind, wie sy kind geslaan het, gaan besoek en beswaar maak daaroor. Dan mag jy ook die ouer kry wie dit glad nie hanteer nie, maar in sy hart omgekrap en verontwaardig voel.

Nogtans, God sê vir ons om kwaad met goedheid te vervang en ons moet selfs ons vyande liefhê, verder moet ons altyd vrede met almal handhaaf. Hy het gesê, "Julle moet julle nie teen 'n kwaadwillige mens verset nie. As iemand jou op die regterwang slaan, draai ook die ander wang na hom toe" (Matteus 5:39).

Daarom, indien jy doen wat reg is in God se oë, is dit nie moeilik vir jou om Sy gebooie en bepalings, na te kom nie. Wanneer jy gedurig bid, en jou beste lewer, sal God se genade en krag in jou kom, en dan kan jy enigiets met behulp van die Heilige Gees vermag.

Indien jy die sondes verwerp, en doen wat reg is in God se oë, kan siektes nie van jou besit neem nie. Selfs al kom siektes op jou pad, sal God die Heler jou sondes vergewe en volkome genees, indien jy probeer uitvind wat verkeerd is in God se oë, en dit met jou hele hart bely.

Selfs al bely jy met jou mond dat God almagtig is, maar jy op die wêreld vertrou en hospitaal toe gaan om van 'n siektetoestand genees te word, sal God nie met jou gelukkig wees nie, omdat dit bewys dat jy nie waarlik in die Almagtige God glo nie (2 Kronieke 16).

4. Dra 'n Doringkroon

'n Kroon is eintlik vir 'n koning om saam met sy koninklike kleed te dra. Alhoewel Jesus die enigste Seun van God was, die Koning van alle konings en die Here van alle heersers het Hy 'n kroon gedra wat van harde dorings gemaak was, in plaas van 'n pragtige kroon wat van goud, silwer en juwele gemaak was.

Daarna vat die soldate van die goewerneur vir Jesus in die ampswoning in en bring die hele leërafdeling rondom Hom bymekaar. Hulle trek toe sy klere uit en gooi Hom 'n pers mantel om. Hulle vleg 'n doringkroon en sit dit op sy kop en gee Hom 'n stok in sy regterhand. Toe bespot hulle Hom deur voor Hom te buig en te sê: "Ons groet u, Koning van die Jode!" Hulle het op Hom gespoeg en die stok gevat en Hom oor die kop geslaan (Matteus 27:27-30).

Romeinse soldate het dorings gevleg om vir Jesus 'n doringkroon te maak. Dit was egter te klein, maar hulle het dit stewig op Jesus se kop gesit. Dus het die dorings Sy kop en voorkop deurboor, sodat die bloed vrylik oor Sy gesig gevloei het. Waarom het God die Almagtige toegelaat dat Sy enigste Seun 'n doringkroon dra, en ongenadiglike pyn verduur, en Sy bloed moes stort?

Eerstens, Jesus het die doringkroon gedra om ons te verlos van die sondes wat ons in ons gedagtes pleeg.

Wanneer 'n mens wie deur God geskep is, met Hom kommunikeer en aan Sy Woord gehoorsaam bly, sal hy nie sonde doen nie, aangesien hy altyd ooreenkomstig God se wil optree, en Hom gehoorsaam.

Nogtans, eens op 'n tyd was hy deur die slang verlei, en het Satan se wil gevolg en spoedig daarna sonde gedoen. Hy het nooit voorheen daaraan gedink, om van die vrugte van die boom van die kennis van goed en kwaad te eet nie. Nadat hy verlei was het hy egter van die vrugte geëet, omdat dit aanloklik gelyk het, en die begeerte ontstaan het om wysheid te bekom.

Eweneens, Satan, wie vir Adam en Eva verlei het om aan God ongehoorsaam te wees, is nou besig om jou te verlei om in jou gedagtes sonde te doen.

In die menslike brein is daar selle wat vir die geheue verantwoordelik is. Sedert geboorte, wat jy gesien, gehoor en geleer het word in die geheueselle gestoor, met jou eie gevoelens met betrekking tot sekere gebeutenisse, hetsy individueel of deur inligting. Ons noem dit "kennis." Wat ons "gedagte" noem, is 'n reproduksieproses van die gestoorde kennis deur die siel se werking.

Mense het in verskillende omgewings groot geword. Wat hulle gesien het, gehoor het en geleer het verskil van mekaar, daarom sal dit wat in die brein opgeneem is, ook verskil. Selfs al was dit wat hulle gesien, gehoor en geleer het dieselfde, elke persoon het sy eie gevoelens, dus is dit onvermydelik dat alle persone verskillende waardes sal hê.

Die Woord van God is dikwels nie in ooreenstemming met ons kennis en teorie in die praktyk nie. Byvoorbeeld, jy mag dink dat indien jy vernaam wil wees, moet jy oor almal heers. Inteendeel, God leer vir ons: "Wie hoogmoedig is, sal verneder word, en wie nederig is, sal verhoog word" (Matteus 23:12).

Die meeste mense dink dat dit baie natuurlik is om jou vyande te haat, maar God sê vir ons om ons "Vyande lief te hê" en "Indien jou vyand honger het, gee hom iets om te eet; indien hy dors het, gee hom iets om te drink."

God se gedagtes is geestelik, terwyl die mens se gedagtes vleeslik is. Satan voorsien aan jou vleeslike gedagtes, sodat hy jou verlei om God te ignoreer, en verhoed dat jy ware geloof bekom. Dan sal jy die wêreld se dinge najaag, sondig, en sterf.

In Matteus 16:21 en daaropvolgende verse, verduidelik Jesus

aan Sy dissipels dat Hy baie ontberings gaan deurmaak, aan die kruis gaan sterf, en op die derde dag weer uit die dood opgewek gaan word. Petrus het Hom toe opsy geneem en Hom begin berispe: "Mag God dit verhoed, Here! Dit sal beslis nie met met U gebeur nie" (v. 22). Maar Jesus het na Petrus toe gedraai en vir hom gesê: "Moenie in my pad staan nie, Satan! Jy is vir My 'n struikelblok, want jy dink nie aan wat God wil hê nie, maar aan wat die mense wil hê" (v. 23). Toe Jesus woedend gesê het, "Moenie in my pad staan nie, Satan," het Hy nie bedoel dat Petrus Satan was nie, maar dat dit Satan was wat in Petrus se gedagtes gewerk het, om God se werke te verhinder.

Dit was omdat Jesus die kruis vir die mensdom se saligheid moes dra, in ooreenstemming met God se wil, maar Petrus het met sy vleeslike gedagtes probeer, om die uitvoering van God se wil, te voorkom.

Die apostel Paulus skryf in 2 Korintiërs 10:3-6 soos volg:

Natuurlik leef ons in 'n menslike liggaam, maar ons voer nie die stryd met menslike wapens nie. Die wapens van ons stryd is nie die wapens van die mens nie, maar die kragtige wapens van God wat vestings kan vernietig. Daarmee vernietig ons die redenasies en elke hooghartige aanval wat teen die kennis van God gerig word. Ons neem elke gedagte gevange om dit aan Christus gehoorsaam te maak. Ons is ook gereed om met elke ongehoorsaamheid af te reken sodra julle eie gehoorsaamheid volkome is.

Jy moet jou argumente en redes vernietig, want dit is dikwels teen die koninkryk van God se wil. Neem elke gedagte van jou gevange, sodat dit aan God gehoorsaam is, om ooreenstemmend met die waarheid te lewe, dan sal jy 'n persoon van die gees en geloof word.

Jy moet die gedagte verwerp dat jy iemand tweekeer moet terugslaan, om nie skande te maak, omdat hy jou eenkeer geslaan het nie, en hierdie vleeslike gedagtes teen enige waarheid is.

Daarom, moet jy alle sondige gedagtes verwerp. Om die probleem op te los, moet jy eerstens die begeertes van die vlees, die wellus van die oë en die lewenstrots verwerp. Hierdie is die ongeloofwaardige gedagtes waarin die Satan hom verheug.

Die begeertes van die vlees, is die gedagtes wat in die brein ontstaan, en is begeertes teen God se wil. Galasiërs 5:19-21 lys die begeertes soos volg:

Die praktyke van die sondige natuur is algemeen bekend: onsedelikheid, onreinheid, losbandigheid, afgodsdiens, towery, vyandskap, haat, naywer, woede, rusies, verdeeldheid, skeuring, afguns, dronkenskap, uitspattigheid en al dergelike dinge. Ek waarsku julle soos ek julle al vroeër gewaarsku het: Wie hom aan sulke dinge skuldig maak, sal nie die koninkryk van God as erfenis verkry nie.

God verlang dat jy Sy bevele sal uitvoer, deur die begeertes van die vlees te verwerp.

Die begeertes van jou oë beteken dat jou verstand hewig beïnvloed word, met wat gesien en gehoor word, en dan word die begeertes rondom die verstand nagestreef. Wanneer iemand die wêreld liefhet, en die begeertes met die oë navolg, dan lyk dit asof slegs hierdie begeertes waarde het, en niks anders bevrediging verskaf nie.

'n Grootpraterige verstand ontstaan by 'n persoon wie gevange geneem word deur wêreldplesier, in sy optredes om sy drange van sondigheid, met sy begeerlike oë te bevredig. Dit word die hoogmoed van die lewe genoem.

Om ons te verlos van alle vorme van onsedelikheid, wetteloosheid en sondigheid, het Jesus 'n doringkroon gedra en Sy bloed vir ons gestort. Omdat slegs die onskuldige en vlekkelose bloed van Jesus ons van ons sondes, wat ons in ons gedagtes pleeg, kon verlos, het Hy 'n doringkroon op Sy hoof gedra, en Sy bloed gestort.

Tweedens, Jesus het die doringkroon gedra, sodat mense in die hemel beter krone kan dra.

'n Ander rede waarom Hy 'n doringkroon gedra het, was om dit vir jou moontlik te maak om 'n beter kroon te bekom. Net soos wat Hy jou van armoede verlos het, en vir jou rykdom gebring het, deur self in armoede te lewe, net so het Hy 'n doringkroon gedra, sodat jy in die hemel 'n beter kroon kan verkry.

Daar is ontelbare krone vir God se kinders in die hemel

voorberei. Daar is pryse soos goue medaljes, silwer medaljes en brons medaljes wat aan die wenners oorhandig word, ooreenkomstige hulle rangordes, net soos by 'n atletiekbyeenkoms. Eweneens, is daar verskillende krone in die hemel teenwoordig.

Daar is 'n onverganklike kroon soos in 1 Korintiërs 9:25 beskryf: "Almal wat aan 'n wedstryd deelneem, ontsê hulleself allerlei dinge. Hulle doen dit om 'n verganklike oorwinnaarskroon te verkry, maar ons 'n onverganklike." 'n Onverganklike kroon is vir God se kinders, wie daarna strewe om hul sonde te verwerp, voorberei. Die kroon van die saligheid is voorberei vir diegene wie hulle sondes verwerp het, en lewe ooreenkomstlg die Woord van God, tot Sy eer en verheerliking (1 Petrus 5:4). Die kroon van die lewe is ook voorberei vir diegene wie grootliks vir God liefhet, tot die dood toe getrou is, en salig geword het deur alle vorme van sonde te verwerp (Jakobus 1:12; Die Openbaring 2:10).

Die kroon van geregtigheid word aan hulle gegee wie, soos die apostel Paulus heilg word, deur alle sonde te verwerp en bowendien, hul sendingtaak ten volle volgens God se wil, ten uitvoer bring (2 Timoteus 4:8).

In Die Openbaring 4:4 staan geskrywe dat, "Reg rondom die troon was daar vier en twintig ander trone, en om die trone het daar vier en twintig ouderlinge gesit. Hulle het wit klere aangehad, en op hulle koppe was daar goue krone." Die gouekroon is voorberei vir die mense wat die vlak van ouderling bereik het, en wie God in die Nuwe Jerusalem sal bystaan.

Hier, "ouderlinge" verwys nie na mense met ampte in kerkrade nie, maar beskryf mense wat deur God die erkenning gekry het, omdat hulle heilige gelowiges is in God se huis, en wat 'n onveranderlike geloof van goud het.

God gee verskillende krone aan Sy kinders, afhangend van tot watter mate hulle hul sondes verwerp, en Sy sendingwerk ten uitvoer bring. God se kinders sal erkenning in die hemel kry, en beter krone kry, indien hulle nie voortdurend daarop uit sal wees om hulle sondige begeertes te bevredig nie, maar eerder volgens God se Woord te lewe (Romeine 13:13-14), en dit goed gaan met hulle siele en in die Gees lewe (Galasiërs 5:16), en hulle gelowig hul plig en sendingtaak verrig!

Eweneens, Jesus het jou van alle sonde verlos, wat jy in jou gedagtes gepleeg het, deur die doringkroon te dra en bloed te stort. Hoe dankbaar moet jy nie wees dat Hy vir jou beter krone in die hemel voorberei, ooreenkomstig die mate van jou geloof, en die sendingwerk se vervulling.

Daarom, jy moet besef hoe heerlik dit is om te kwalifiseer, om hierdie krone te ontvang. Dan moet jy God se hart aanneem, deur alle vorme van sonde te verwerp, en jou sendingwerk goed verrig, en gelowig in God se huis lewe. Ek vertrou dat jy die beste kroon in die hemel sal ontvang.

5. Jesus se Boklere en Onderkleed

Jesus, wie 'n doringkroon gedra het en bloed gestort het, regoor Sy hele liggaam, omdat Hy gegésel was, het na Golgota, die plek van die kruisiging gekom. Toe die Romeinse soldate Jesus gekruisig het, het hulle Sy klere geneem en dit in vier dele verdeel, vir elkeen van hulle 'n deel daarvan. Die onderkleed het hulle nie verdeel nie, maar dit uitgeloot.

Toe die soldate Jesus dan gekruisig het, het hulle sy boklere gevat en dit in vier dele verdeel, vir elke soldaat 'n deel. Hulle het ook sy onderkleed gevat. Dit was sonder naat van bo af in een stuk geweef. Hulle sê toe vir mekaar: "Ons moet dit nie skeur nie. Kom ons loot wie dit moet kry."Dit het gebeur sodat die Skrif vervul kan word waar dit sê: "Hulle het my klere onder mekaar verdeel, en vir my kleed het hulle geloot." Dit is wat die soldate gedoen het (Johannes 19:23-24).

Waarom verduidelik die Woord van God omtrent Jesus se boklere en onderkleed, so in die fynste besonderhede? Die geskiedenis van Israel sedert 70 n.C., is baie diep geweef in die geestelike gevolgtrekking van hierdie gebeurtenis.

Ontklee en gekruisig

Na aanleiding van Matteus 27:22-26, was Jesus op versoek

van die Israeliete, wie Jesus nie as die Messias erken het nie, na Pontius Pilatus gestuur, nadat Hy op verskillende wyses bespot en verag is, sodat Hy tot kruisiging gevonnis kon word.

Nadat Hy 'n doringkroon gedra het, en bespot en verag was, moes Hy Sy eie houtkruis na Golgota dra, om gekruisig te word. Pilatus het die soldate beveel om die klag teen Jesus bokant Sy kop aan te bring. Dit het gelees, "HIERDIE IS JESUS DIE KONING VAN DIE JODE" (Matteus 27:37).

Die kennisgewing was in Hebreeus, Latyns en Grieks geskrywe. Hebreeus was die tradisionele taal van die Jode, die uitverkore volk van God. Latyn was die amptelike taal van die Romeinse Ryk, die invloedrykste nasie op daardie stadium, terwyl Grieks die taal was wat die wêreldkultuur oorheers het. Dus, die kennisgewing geskryf in die drie prominentste tale het verseker dat die hele wêreld Jesus as die koning van die Jode, en as die Koning van alle konings, herken.

Nadat hulle die kennisgewing gelees het, het baie Jode volgens Johannes 19:21-22, geprotesteer by Pilatus om nie te skryf, "Die Koning van die Jode," maar eerder te skryf, "Hy het gesê, 'Ek is die Koning van die Jode.'" Alhoewel, Pilatus het hulle geantwoord, "Wat ek geskryf het, het ek geskryf," en dit onveranderd gelaat. Dit beteken dat selfs Pilatus vir Jesus as die koning van die Jode erken het.

Soos wat Pilatus vir Jesus as die koning van die Jode erken het, is Hy inderwaarheid die enigste Seun van God, die Koning van alle konings en die Here van alle heersers. Nieteenstaande dit, het hy saam met baie ander mense toegekyk, hoe Jesus van Sy klere en onderkleed ontneem word, en aan die kruis gekruisig word. Daardeur het Hy met 'n hartverskeurende en vernederende gebeurtenis, tot aan die einde volgehou.

Ons lewe in hierdie sondige wêreld, en vergeet wat ons menslike plig werklik is. Om ons van alle soorte skandes, vuil dinge, sondigheid, wetteloosheid en onsedelikheid te verlos was Jesus die Koning van alle konings van sy klere en onderkleed ontneem en het 'n vernedering deurgemaak, terwyl baie mense toegekyk het. Indien jy die geestelike betekenis hiervan verstaan, kan jy nie anders as om dankbaar te wees nie.

Verdeling van Jesus se kledingstukke in vier dele

Die Romeinse soldate het Jesus kaal uitgetrek en Hom gekruisig. Hulle het Sy klere geneem en gelykop in vier dele verdeel, maar sy onderkleed het hulle uitgeloot.

Dit is net vanselfsprekend dat Sy klere nie mooi of duursaam kon wees nie. Dus waarom het die soldate Sy klere in vier dele, onder hulle verdeel?

Kon hulle dalk in die toekoms sien dat Jesus as die Messias geëer sou word, en het hulle dalk daaraan gedink om net 'n waardevolle artikel vir hulle afstammelinge te bekom? Nee, dit was nie die geval nie.

Psalm 22:19 het voorspel, "Hulle verdeel my klere onder

mekaar en trek lootjies oor my mantel." God het toegelaat dat Romeinse soldate Sy klere neem om hierdie vers te vervul (Johannes 19:24).

Daarom, wat se geestelike implikasies het Jesus se klere dan gehad? Waarom het hulle dan Sy klere tussen hulle vier verdeel, vir elkeen 'n kledingstuk? Waarom het hulle nie Sy onderkleed verdeel nie? Waarom het God toegelaat dat hierdie storie byvoorbaat geskryf?

Omdat Jesus die koning van die Jode was, het Sy klere na Israel as 'n nasie of na die Joodse gemeenskap verwys. Soos wat die Romeinse soldate die klere in vier dele verdeel het, het die klere beslis hul vorm verloor. Dit impliseer dat Israel as 'n nasie vernietig sal word. Dit dui ook aan dat die naam Israel behoue sal bly, net soos 'n gedeelte van Sy klere oorgebly het. Na alles wat omtrent Sy klere geskryf was, is voorspel dat die Joodse bevolking in alle rigtings sou versprei, as gevolg van die nasie se vernietiging. Die geskiedenis van Israel getuig daarvan, dat die voorspelling bewaarheid geword het.

Binne 40 jaar nadat Jesus aan die kruis gesterf het, het 'n Romeinse generaal, genaamd Titus, Jerusalem vernietig. Die Tempel van God was totaal vernietig, tot so 'n mate dat geen steen op 'n ander steen oorgebly het nie. Sedert die Israelitiese nasie opgehou het om te bestaan, het die Jode oral oor versprei, is vervolg en selfs vermoor. Dit verduidelik waarom die Jode tot vandag toe nog, regoor die wêreld woon.

Matteus 27:23 sê, Hy vra: "Watter kwaad het hy dan gedoen?" Maar hulle skreeu nog harder: "Kruisig hom!" Toe Pilatus sien dit help niks nie en dat daar eerder 'n oproer kom, het hy water gevat en voor die skare sy hande gewas en gesê: "Ek is onskuldig aan die bloed van hierdie man. Dit is julle verantwoordelikheid." (v. 24) Toe antwoord die hele volk: "Ons aanvaar die verantwoordelikheid vir sy bloed, ons en ons kinders!" (v. 25)

'n Merkwaardige beginsel is dat die geskiedenis van Israel vir ons duidelik wys, dat baie van die Jode en hulle afstammelinge het bloed gestort, om te wys dat hulle hul eise aan Pontius Pilates gerig het, om vervul te word. Binne vier dekades na Jesus se dood, was daar soveel as 1.1 miljoen Jode vermoor. Verderaan, gedurende Wêreld Oorlog II, het die Nazi Duitsers ongeveer ses miljoen Jode doodgemaak. Die fliek "The Schindler's List" beeld tragiese tonele uit waar Jode, ongeag die geslag, oud of jonk, sonder klere vermoor word. Selfs 'n krimineel word toegelaat om sy klere aan te trek voordat hy tereggestel word, maar die Jode was kaal gestroop van hul klere, voordat hulle vermoor was.

Die Jode het nie vir Jesus, die Messias, erken nie en Hom kaal uitgetrek, voordat hulle Hom gekruisig het. Nadat hulle geskree het, "Sy bloed sal op ons, en ons kinders wees," het aaklige dinge oor die mense van Israel, vir jare gekom.

Jesus se soomlose onderkleed in een stuk geweef

Johannes 19:23 beskryf Jesus se onderkleed: "Toe die soldate Jesus dan gekruisig het, het hulle sy boklere gevat en dit in vier dele verdeel, vir elke soldaat 'n deel. Hulle het ook sy onderkleed gevat. Dit was sonder naat van bo af in een stuk geweef." Hier, "soomloos" in die vers beteken dat die onderkleed was nie gestik, om verskeie dele van die kledingstuk te heg nie. Die meeste mense stel nie belang op watter wyse hulle klere geweef is nie, van bo na onder of van onder na bo. Dus, waarom beskryf die Bybel Jesus se onderkleed so in besonder?

Die Bybel wys ons daarop dat die voorvader van die mensdom Adam is, die voorvader van geloof Abraham is, en die voorvader van Israel, Jakob is. God leer ons dat die voorvader van Israel is nie Abraham nie, maar Jakob, omdat die twaalf nageslagte van Israel van Jakob se twaalf seuns afkomstig is. Die stigter van Israel is Jakob, alhoewel die voorvader van geloof Abraham is.

God het ook vir Jakob in Genesis 35:10-11 op hierdie wyse geseën:

"Jy is Jakob, maar jy sal nie langer Jakob genoem word nie. Jou naam sal Israel wees." God het hom toe Israel genoem. God het verder vir hom gesê: "Ek is God die Almagtige. Wees vrugbaar en word 'n groot nasie. Baie nasies sal van jou afstam. Jy sal die voorvader wees van konings."

Na aanleiding van God se Woord soos in daardie verse vermeld, het Jakob se twaalf seuns die hoekstene van Israel gevorm. Israel was 'n verenigde land totdat dit deur Koning Rehabeam in Israel in die Noorde, en Juda in die Suide verdeel was.

Later, het Israel in die Noorde begin meng met nie-Jode, maar Juda het verenig gebly. Vandag nog word die mense van Juda, die Jode genoem. Die feit dat Jesus se onderkleed soomloos was, en van bo tot onder in een stuk geweef was, beteken dat Israel verenig gebly het, en hulle tot vandag toe as afstammelinge van Jakob geïdentifiseer het.

Loting vir Jesus se ongeskeurde onderkleed

Hier, die onderkleed beteken die hart van die mense. Sedert Jesus die koning van Israel is, het Sy onderkleed op die hart van die Joodse gemeenskap gesinspeel.

Die Israeliete, God se uitverkore volk, gekies deur Abraham, hulle voorvader van geloof, het die ware God bo alles aanbid. Die feit dat hulle nie die onderkleed verdeel het nie, dui daarop dat die gees van die Joodse bevolking in Israel, wie God aanbid het, goed bewaar gebly het, sonder om in stukke geskeur te word, alhoewel die Israelse nasie en regering by tye verwoes was.

Inderwaarheid, die Bybel het voorspel dat die nie-Jode nie die ewigdurende gees wat die Israeliete in hulle harte gehad het, kon verdelg nie. Met ander woorde, hul harte het standvastig teenoor God gebly, selfs toe die nasie van Israel deur die nie-Jode verwoes was. Omdat hulle sulke onveranderlike harte het, het God die Israeliete as Sy eie mense uitverkies, om Sy koninkryk en geregtigheid tot stand te bring.

Selfs vandag nog probeer die Israeliete om die wet met 'n onveranderde hart te gehoorsaam. Dit is omdat hulle afstammelinge van Jakob is, wie self 'n onveranderlike hart het. Die Israeliet het die hele wêreld verras, deur op 14 Mei 1948 hul onafhanklik te herwin, 'n baie lang tyd nadat hulle hul land verloor het. Na dit het hulle gou ontwikkel as een van die mees voorspoedige en invloedrykste lande, en het weereens hulle nasionale gees en voortreflikheid getoon.

Soos wat die Romeinse soldate nie Jesus se onderkleed kon verdeel nie, omdat dit soomloos was en in een stuk van bo na onder geweef was, kon die nie-Jode ook nie die gees van die Israeliete, wie God aanbid het, verwoes nie. Verder het die Israeliete, as Jakob se afstammelinge, 'n onafhanklike land tot stand gebring, en as Sy uitverkore volk, Sy wil volbring.

Israel in die eindtyd soos in die Bybel voorspel

Soos wat God die geskiedenis van Israel deur Jesus se boklere en onderkleed voorspel het, net so gee Hy vir ons oor die wêreld se laaste dae, 'n wenk.

Esegiël 38:8-9 lees:

"Jy sal na 'n lang tyd, in die verre toekoms, bevel kry en na 'n land toe gaan wat herstel is ná oorlog en waar baie mense weer tussen ander volke uit bymekaar gebring is, daar op die berge van Israel wat so lank verwoes gelê het. Die mense is tussen die volke uit teruggebring en hulle woon almal veilig. Jy sal soos 'n stormwind op hulle toeslaan en soos 'n wolk die land bedek, jy en al jou hordes en die baie volke wat tot jou beskikking is."

"Na die verloop van baie dae" in hierdie verse is the periode vanaf Jesus se geboorte tot Sy wederkoms, en "in die verre toekoms" verwys na die laaste jare wat Jesus se wederkoms, voorafgaan. "Die berge van Israel" dui op Jerusalem, wat op die hooglande, ongeveer 760 meter bo seevlak geleë is. Daarom, die woorde van, in toekomstige jare sal baie mense van baie lande vergader, voorspel dat die Israeliete sal terugkeer na hulle land, vanaf regoor die wêreld, wanneer Jesus se wederkoms naby is.

Hierdie voorspelling is bewaarheid, toe Israel in 70 nC deur die Romeinse Ryk vernietig is, en in 1948 weer hulle onafhanklikheid verkry het. Israel was voor sy onafhanklikheid vergete en verlate, maar het daarna tot een van die mees ontwikkelde lande in die wêreld gegroei.

Die Nuwe Testament het ook Israel se onafhanklikheid voorspel. In Matteus 24:32-34 vertel Jesus vir ons die volgende:

"Leer dit van die vyeboom as voorbeeld: wanneer sy takke begin sag word en hy blare kry, weet julle die somer is naby. So moet julle ook wanneer julle al hierdie dinge sien, weet dat die tyd naby is, voor die deur. Dit verseker Ek julle: Nog in die leeftyd van hierdie geslag sal dit alles gebeur."

Dit was Jesus se reaksie gewees nadat Sy dissipels Hom vir 'n teken gevra het, oor Sy wederkoms en die eindtyd.

Die vyeboom in die verse verwys na Israel. Wanneer die blare van die bome afval, en die koue winde waai, dan weet julle dat die winter naby is. Eweneens, so gou as wat die takke van die vyeboom sag word en dit blare kry, weet julle dat die somer naby is. Deur hierdie gelykenis verduidelik Jesus dat Israel se lang herstelperiode na vernietiging, dit was met herwinning van hul onafhanklikheid, dat Jesus se wederkoms baie naby is.

Jy weet nie hoe lank "hierdie geslag" is waarna Jesus in die verse verwys nie, maar jy weet dat Hy gesê het dat dit sekerlik vervul sal word. Jy kan reeds getuig van Israel se onafhanklikheid, so dit is maklik om te besef dat Jesus se wederkoms naby is.

Tekens van die eindtyd

In Matteus 24, nadat die dissipels Jesus gevra het vir tekens oor die eindtyd, het Jesus dit breedvoerig verduidelik. Alhoewel Hy nie die presiese dag en uur gemeld het nie, het Hy gesê, "Maar niemand weet wanneer daardie dag en uur kom nie, nie die engele in die hemel nie en ook nie die Seun nie. Net die Vader weet dit" (Matteus 24:36).

Dit beteken dat Hy, die Seun van die Mens, wie na die aarde in vlees gekom het, ook nie die dag en uur van die wederkoms weet nie. Dit beteken nie dat Jesus as een van die Drie-Eenheid dit nie na Sy kruisiging, opstanding en opname in die hemel, nie weet nie.

Baie dinge omtrent die eindtyd word gesê, maar Jesus waarsku jou, "Omdat die minagting van die wet van God sal toeneem, sal die liefde by baie verkoel. Maar wie tot die einde volhard, sal gered word" (Matteus 24:12-13).

Vandag kan jy duidelik die goddeloosheid waarneem, en toenemend ervaar hoe die liefde afkoel. Jy kan skaars warmhartigheid vind. Jesus sê in Matteus 24:14, "En hierdie evangelie van die koninkryk sal in die hele wêreld verkondig word, sodat al die nasies die getuienis kan hoor. Eers dan sal die einde kom." Die evangelie is reeds na al die uithoeke van die aarde verkondig.

Verderaan, ons woon in 'n "wêreld gemeenskap" waarbinne elke hoek van die gemeenskap toeganklik is, hetsy deur middel van vervoer of kommunikasie. Hierdie verskynsel was reeds in Daniël 12:4 voorspel: "En jy, Daniël, hou die woorde geheim en verseël die boek tot die eindtyd toe. Baie mense sal oor die gebeurtenisse navraag doe nom begrip daarvan te probeer kry." Die evangelie was vinnig, regdeur die wêreld in hierdie omgewing, versprei.

Dit is waar dat al sou die evangelie aan die hele wêreld verkondig word, daar nog sommige mense sou wees wie nie vir Jesus sou aangeneem het nie, omdat hulle nie hul harte oopmaak nie. Of daar mag dalk ver afgeleë plekke wees, waar die evangelie nog nie verkondig is nie.

Die voorspellings in die Ou Testament is almal bewaarheid, terwyl die voorspellings in die Nuwe Testament grotendeels vervul is. Die hele Skrif is deur die Heilige Gees besiel. Dus, die Woord van God is korrek, en bevat geen foute. Die kleinste letter of penstrepie sal nie die Woord verander nie. God het Sy Woord, en beloftes gestand gedoen. Slegs 'n paar dinge soos: die Here Jesus Christus se wederkoms, sewe jaar se groot hongersnood, die Nuwe Millennium, en die groot Oordeel van die Wit Troon is nog onvervul.

6. Vasgespyker deur Sy Hande en Voete

Die kruisiging was een van die wreedste metodes om moordenaars en verraaiers tereg te stel. 'n Persoon word op 'n houtkruis uitgestrek. Daarna word die persoon deur albei hande en voete, met spykers aan die houtkruis vasgeslaan. Hy moes dan vir 'n lang periode daar hang, totdat hy dood is. Dus, moes hy ly as gevolg van die geweldige pyn, totdat hy sy laaste asem uitblaas.

Jesus die Seun van God het net goeie dade in hierdie wêreld verrig, terwyl Hy vlekkeloos was. Dus, waarom was Jesus met spykers deur albei Sy hande en voete deurboor, totdat Hy bloed aan die kruis gestort het?

Pyn as gevolg van spykers deur Sy hand en voete

Jesus was ter dood veroordeel om aan 'n kruis te sterf, daarom het Hy na Golgota gegaan. 'n Romeinse soldaat het 'n groot staalspyker vasgehou, terwyl 'n ander soldaat 'n hamer gebruik het om Sy hande en voete, op 'n bevelvoerder se bevel, vas te slaan. Daarna het hulle die kruis opgerig. Kan jy jou indink watter ondraaglike pyn, hiermee gepaard moes gaan?

Die onskuldige Jesus moes ly as gevolg van die pyn, nadat die groot spykers deur Sy liggaam geslaan was, en Sy liggaamsgewig het veroorsaak dat Sy deurboorde liggaamsdele oopgeskeur het.

Wanneer iemand onthoof word, eindig die pyn oombliklik. Wanneer iemand egter gekruisig word, is dit 'n pynliker ervaring, want die persoon moet daar hang, bloei en ly as gevolg van ontwatering en uitputting, totdat die persoon dood is.

Verder, op 'n sonnige dag in die woestyn, sal alle soorte insekte en goggas oor Sy oopgebarste liggaam vlieg om van die bloed wat uit Sy wonde vloei, uit te suig. Bowenal, sondige mense wys met hulle vingers na Hom, spoeg op Hom, koggel Hom, vervloek Hom en snou Hom allerhande beledigings toe. Sommige mense het Hom selfs verag en gesê, "Jy wat die tempel afbreek en in drie dae opbou! Red jouself as jy die Seun van God is, en kom van die kruis af!" (Matteus 27:40).

Ondraaglike pyn het Jesus tydens Sy kruisiging vergesel. Alhoewel, Jesus het goed geweet dat die lyding en die bespotting wat Hy moes deurmaak, en Sy sterwe aan die kruis sou die weg baan, om die mensdom van hulle sondes te verlos, sodat hulle kinders van God kon word. Sy ware pyn was van 'n ander bron afkomstig. Daar was nog steeds mense wie nie van hierdie voorsienigheid van God bewus was nie, of wie nie die saligheid ten opsigte van hulle sondigheid ontvang het nie. Dit het vir Hom groter pyn meegebring.

Sonde gepleeg met hande en voete

So spoedig as wat 'n sondige gedagte in die hart verwek word, sal die hart die hande en voete aanspoor om sonde te doen. Omdat daar 'n geestelike wet is dat die loon van die sonde, die dood is wanneer jy sondig, sal jy in die hel beland, en daar vir ewig ly.

Dit is waarom Jesus sê, "En as jou voet jou van My afvallig laat word, kap hom af! Dit is beter dat jy kreupel die lewe ingaan as dat jy altwee jou voete het en in die hel gegooi word. En as jou oog jou van My afvallig laat word, pluk hom uit! Dit is beter dat jy met een oog die koninkryk van God ingaan as dat jy altwee oë het en in die hel gegooi word" (Markus 9:45-47).

Hoeveel keer het jy al sedert geboorte met jou hande en voete gesondig? Sommiges slaan ander mense uit woede. Party steel, en ander verloor hulle skatte as gevolg van dobbel. Mense raak met hulle voete gewelddadig, omdat hulle na plekke gaan waar hulle nie veronderstel was om te gaan nie. Daarom, indien jou voet jou laat sondig, is dit beter om dit af te kap en hemel toe te gaan, as wat jy met twee voete in die hel gegooi word.

Hoeveel sondes het jy al met jou oë gepleeg? Gulsigheid en owerspel ontstaan wanneer jy dinge met jou oë sien, wat jy nie veronderstel is om te sien nie. Dit is waarom Jesus gesê het dat indien jou oë jou laat sondig, pluk dit uit, want dit is beter om hemel toe te gaan, as om daarmee te sondig en in die hel gegooi te word.

Gedurende die Ou Testamentiese tye, indien iemand met sy oë gesondig het, was dit uitgepluk; Indien iemand met sy hand of voet sou sondig, was dit afgekap; Indien iemand moord of owerspel pleeg, moet hy gestenig word (Deuteronomium 19:19-21).

Sonder Jesus Christus se lyding aan die kruis, moet die kinders van God, vandag nog, hul hande en voete afkap indien hulle sondig. Nogtans was Jesus gekruisig, en Sy hande en voete met spykers deurboor, totdat Sy bloed gestort was. Deur dit te doen het Hy die sondes wat deur jou hande en voete gepleeg was weggewas, sodat jy nie verder daaroor hoef te ly of 'n prys vir jou sondes te betaal nie. Hoe groot is Sy liefde!

Maar as ons in die lig lewe soos Hy in die lig is, het ons met mekaar deel aan dieselfde gemeenskap en reinig die bloed van

Jesus, sy Seun, ons van elke sonde. (1 Johannes 1:7).

Daarom, is dit baie belangrik dat jy jou hart met die waarheid vul, om sodoende 'n oorwinnende lewe te lei, met 'n dankbare en goedgunstige hart wat altyd op God gefokus is.

7. Jesus se Bene nie gebreek maar Sy sy deurboor

Die dag waarop Jesus gesterf het was 'n Vrydag, een dag voor die Sabbatdag. In daardie dae was die Saterdag as die Sabbatdag gereserveer, en die Jode het nie daarvan gehou dat daar liggame op die Sabbatdag aan die kruise hang nie.

Dus, soos wat jy in Johannes 19:31 kan lees, het die Jode vir Pontius Pilatus gevra dat hulle die bene breek, en die liggame vanaf die kruise afgehaal.

Met Pontius Pilatus se toestemming het die soldate die twee rowers, wie gekruisig was en weerskante van Jesus gehang het, se bene gebreek, maar hulle het nie Jesus se bene gebreek nie, omdat Hy reeds dood was. In daardie dae was diegene wie gekruisig was, as vervloek beskou, daarom het die soldate hulle bene gebreek. Daarom, dit was 'n goddelike voorsienigheid dat hulle nie Jesus se bene gebreek het nie.

Waarom was Jesus se bene nie gebreek nie?

Jesus, wie geen sonde gehad het nie, was vervloek en aan die kruis gehang, om die mensdom van die vloek van die wet te verlos. Satan kon nie Sy bene breek nie, omdat Jesus nie as gevolg van Sy sonde gesterf het nie, maar deur God se voorsienigheid.

Bowendien, God het vir Jesus daarteen beskerm dat Sy bene gebreek word, met die vervulling van die woorde van Psalm 34:21, wat lees, "Die Here sorg vir die hele liggaam van die regverdige: geen been word gebreek nie."

In Numeri 9:12, sê God vir die Israeliete om nie die lam se bene te breek, wanneer hulle dit eet nie. Hy sê ook in Eksodus 12:46 dat die Israeliete die vleis van die lam mag eet, maar hulle mag nie sy bene breek nie.

Die "lam" verwys na Jesus, wie vlekkeloos en onskuldig was, en nogtans Homself opgeoffer het as 'n soenoffer vir die mensdom en hul sondes, terwille van Sy groot liefde vir ons. In ooreenstemming met Eksodus 12:46, wat lees, "Dit moet geëet word in die huis waarvoor dit bedoel is. Van die vleis mag niks buitentoe geneem word nie. Geen been van die paaslam mag gebreek word nie." Geeneen van Jesus se bene was gebreek nie.

Sy sy met 'n spies deurboor

Johannes 19:32-34 skets nog 'n afgryslike toneel:

Toe het die soldate gekom en die bene van die eerste een gebreek en ook dié van die tweede een wat saam met Jesus gekruisig is. Toe hulle egter by Jesus kom en sien dat Hy al klaar dood is, het hulle nie sy bene gebreek nie. Maar een van die soldate het met 'n spies in sy sy gesteek, en daar het dadelik bloed en water uitgekom.

Alhoewel die soldaat reeds geweet het dat Jesus dood was, waarom het hy nogtans 'n spies in Jesus se sy gesteek, sodat daar dadelik bloed en water uitgekom het? Dit verduidelik weereens die mens se boosheid.

Alhoewel Hy God was, het Jesus nie op Sy regte as God aangedring, of daaraan vasgeklou nie. In plaas daarvan het Hy Homself as niks beskou nie; Hy het die nederige houding van 'n slaaf ingeneem, en in die gedaante van 'n mens verskyn. Hy het verder Homself nederig voorgedoen, deur 'n kriminele dood aan die kruis te sterf. Op hierdie wyse het Jesus die deur na die saligheid, vir jou geopen (Filippense 2:6-8).

Gedurende Sy lewe op die aarde, het Jesus vir die gevangenes vryheid, die armes rykdom gegee, en ook die siekes en die swakkes genees. Hy het nie genoeg tyd gehad om te eet of te slaap nie, omdat Hy voortdurend besig was om God se Woord te verkondig, om sodoende soveel moontlik siele te red. Hy het selfs alleen na 'n berg gegaan om te bid, wanneer Sy dissipels besig was om te rus.

Baie Jode het Hom met veragting vervolg, alhoewel Hy net goed gedoen het. Aan die einde het hulle Hom aan 'n kruis gekruisig, as gevolg van hul sondigheid. Verdermeer, ten spyte van die feit dat hulle geweet het dat Hy reeds dood was, het 'n Romeinse soldaat Hom nogtans met 'n spies in Sy sy deurboor. Dit vertel ons dat daardie mense was sondiger as sondig gewees.

God het Sy groot liefde getoon, deur Sy enigste Seun Jesus Christus te stuur, om aan 'n kruis gekruisig te word vir jou sondes, ongeag die mens se sondigheid.

Stort van bloed en water uit Sy sy

Soos reeds genoem, 'n Romeinse soldaat het Jesus se sy met 'n spies, as gevolg van sy sondigheid deurboor, wetende dat Hy reeds dood was. Nadat die soldaat Jesus se sy deurboor het, het bloed en water vrylik uit Jesus se liggaam gevloei. Daar is drie dinge om uit hierdie gebeurtenis te leer.

Eerstens, toon dit dat Jesus na die aarde as die Seun van God, in vlees gekom het. Johannes 1:14 sê, "Die Woord het mens geword en onder ons kom woon. Ons het sy heerlikheid gesien, die heerlikheid wat Hy as die enigste Seun van die Vader het, vol genade en waarheid." God het na hierdie wêreld in vlees gekom, en Hy was Jesus.

Sondaars kan nie vir God sien nie, want hulle sal boonop omkom wanneer hulle Hom sien. Dus, God kan nie direk voor hulle verskyn nie, daarom het Jesus na die wêreld in vlees gekom en baie wonders vertoon, om ons te help om in God te glo.

Die Bybel vertel jou dat Jesus was 'n mens, net soos jy gewees. Markus 3:20 lees, "Daarna het Jesus huis toe gegaan. 'n Menigte mense het weer saamgedrom, sodat daar selfs nie geleentheid was om 'n stukkie te eet nie." Matteus 8:24 vertel ons, "Skielik het daar 'n hewige storm op die see losgebars, sodat die golwe oor die skuit geslaan het. Maar Jesus het geslaap."

Sommige mense mag dalk wonder hoe Jesus, die Seun van God, kon honger wees, en pyn verduur. Aangesien Jesus uit bene en spiere saamgestel was, moes Hy eet en slaap. Hy het ook soms pyn, soos ons verduur.

Die feit dat bloed en water uit Sy liggaam gevloei het, toe Hy met 'n spies deurboor was, gee vir jou 'n meer as genoegsame bewys, dat Jesus na hierdie wêreld in die vlees gekom het, alhoewel Hy die Seun van God was.

Tweedens, is dit 'n verdere bewys dat jy ook kan deelneem aan die goddelike natuur, selfs al is jy vleeslik. God wil hê dat Sy kinders heilig en perfek, net soos Hy, moet wees. Dus sê Hy, "Wees heilig, want Ek is heilig" (1 Petrus 1:16) en "Wees julle dan volmaak soos julle hemelse Vader volmaak is" (Matteus 5:48). Hy moedig jou ook aan deur te sê, "Deur dit te doen, het

Hy ons die kosbaarste en allergrootste gawes geskenk wat Hy ons belowe het. Daardeur kan julle die verderf ontvlug wat deur begeerlikheid in die wêreld werksaam is, en deel kry aan die Goddelike natuur" (2 Petrus 1:4), en "Dieselfde gesindheid moet in julle wees wat daar ook in Christus Jesus was" (Filippense 2:5).

Jesus het na hierdie wêreld in vlees gekom, en het 'n dienskneg ooreenkomstig die wil van God geword, om Sy hele taak te vervul. Hy het ook die wet met liefde vervul, deur al die beproewinge en probleme te oorkom, en volgens die Woord van God te lewe.

Alhoewel Hy 'n mens soos jy was, het Hy vrywilliglik al die pyn aanvaar, en God se wil met uithouvermoë en selfbeheersing gevolg, en Homself in liefde opgeoffer om aan die kruis, sonder weerstand of klagtes, te sterf.

Hoe dan, kan ons deelneem aan die goddelike natuur met die hart van Christus Jesus?

Jy moet jou sondige natuur wat uit passie en begeertes bestaan kruisig, en geestelike liefde hê en ernstig bid, om sodoende deel te neem aan die goddelike natuur, met Jesus se ingesteldheid.

Aan die eenkant, vleeslike liefde is selfsugtig, en dit koel af namate die tyd verbygaan. Mense met hierdie tipe liefde verraai mekaar gewoonlik, en ly wanneer hulle nie ooreenstem nie.

Aan die anderkant, God wil hê dat jou liefde geduldig moet wees, vriendelik en nie selfgesentreerd nie. Dus, dit is die geestelike liefde wat onveranderlik is, en elke dag pragtig bloei. Jy kan die ingesteldheid van Jesus hê, net soos wat jy die geestelike liefde besit, en soveel soos jy elke soort sonde verwerp, deur ernstige gebed.

Eweneens, enigiemand kan God se genade en krag ontvang, mits hy Sy hulp, deur vasting en ernstige gebed soek. God help hom ook om van enige sonde ontslae te raak. Jy sal soos die son in die hemelse koninkryk skyn, indien jy die geestelike liefde besit, en die nege vrugte van die Heilige Gees voortbring (Galasiërs 5), en die saligsprekinge ontvang (Matteus 5).

Derdens, Jesus se bloed en waterstorting is kragtig genoeg, om jou na 'n ware en ewige lewe te lei.

Die bloed en water van Jesus was vlekkeloos en onskuldig, omdat Hy geen sonde gehad het en geen sonde gepleeg het nie. Geestelik, was dit die bloed en water wat weer opgewek kon word. Omdat Hy Sy heilige bloed gestort het, is jou sondes vergewe en jy kan 'n ware lewe deur saligheid, die opstanding en die ewige lewe bekom.

Die water wat vanaf Jesus se liggaam gevloei het, simboliseer die ewigdurende water, die Woord van God. Jy kan met die waarheid vervul wees, en 'n ware kind van God wees, tot die vlak wat jy Sy Woord verstaan en alle sonde verwerp, en ooreenkomstig die Woord lewe.

Jesus, wie vlekkeloos was, het alles opgegee om vir jou 'n ware lewe te gee, tot die punt van bloed en waterstorting, selfs al was jy nie beter as 'n dier nie.

Ek vertrou dat jy sal verstaan dat jy gered is, sonder om enige prys te betaal, en alle sondes te verwerp deur ernstig in die geloof te bid, sodat jy 'n vrugtevolle lewe deur Jesus Christus kan lei.

Hoofstuk 7

Die Laaste Sewe Kruiswoorde van Jesus

1. Vader, vergewe hulle
2. Vandag sal Jy saam met My in die Paradys wees
3. Liewe vroumens, Hier is jou Seun; Hier is Jou Moeder
4. Eloï, Eloï, Lemá Sabagtani?
5. Ek het Dors
6. Dit is Volbring
7. Vader, in U hande gee Ek My Gees oor

Toe het Jesus gesê, "Vader, vergeef hulle, want hulle weet nie wat hulle doen nie!" ... (v. 34)

... En hy het gesê, "Jesus, dink aan my wanneer U in u koninkryk kom." Jesus antwoord hom: Ek verseker jou: Vandag sal jy saam met My in die paradys wees." Dit was al omtrent twaalfuur, toe kom daar duisternis oor die hele land, en dit het tot drie-uur geduur; die son het opgehou om te skyn. Die voorhangsel in die tempel het middeldeur geskeur. Jesus het hard uitgeroep: Vader, in u hande gee Ek my gees oor." Na hierdie woorde het Hy die laaste asem uitgeblaas. (verse 42-46)

Lukas 23:34, 42-46

Die meeste mense herroep hulle lewens wanneer die dood naderkom. Gewoonlik laat hulle dan hul laaste woorde vir familielede en vriende agter.

Op dieselfde wyse, het Jesus vlees geword, en na hierdie wêreld as gevolg van God se voorsienigheid gekom, en die sewe kruiswoorde uitgeroep, nadat Hy Sy laaste asem uitgeblaas het. Hierdie word genoem, "Die Laaste Sewe Kruiswoorde van Jesus."

Laat ons die geestelike betekenisse van Jesus se laaste sewe kruiswoorde ondersoek.

1. Vader, Vergewe Hulle

Die skrywer van Filippense beskryf Jesus soos volg. Jesus:

Dieselfde gesindheid moet in julle wees wat daar in Christus Jesus was: Hy wat in die gestalte van God was, het sy bestaan op Godgelyke wyse nie beskou as iets waaraan Hy Hom moes vasklem nie, maar Hy het Homself verneder deur die gestalte van 'n slaaf aan te neem en aan mense gelyk te word. En toe Hy as mens verskyn het, het Hy Homself verder verneder. Hy was gehoorsaam tot in die dood, ja die dood aan die kruis. (Filippense 2:5-8).

Jesus was aan die kruis gekruisig, om Sy liefde en gehoorsaamheid te domonstreer, sodat Hy die weg na die saligheid vir sondaars kon baan. Die mense het by die kruis saam met die leiers gestaan en vir Jesus gekoggel, "Ander het hy gered. Laat hy homself red as hy die Christus is wat deur God uitverkies is" (Lukas 23:35).

Ook die soldate het vorentoe gekom en Hom bespot. Hulle het vir Hom suur wyn aangebied en gesê: "As jy die koning van die Jode is, red jouself." (v. 37) Een van die misdadigers wat daar gehang het, het Hom gelaster deur te sê: "Is jy dan nie die Christus nie? Red jouself en ons ook!" (v. 39)

Toe hulle by die plek kom wat Kopbeen genoem word, het hulle Hom daar saam met die misdadigers gekruisig, die een aan sy regter-en die ander een aan sy linkerkant. Toe sê Jesus: "Vader, vergeef hulle, want hulle weet nie wat hulle doen nie!" Hulle het sy klere verdeel deur te loot (Lukas 23:33-34).

Jesus het tot God gebid vir hulle vergifnis, "Vader vergeef hulle; want hulle weet nie wat hulle doen nie," terwyl Hy Sy laaste asem uitgeblaas het. Jesus het die Vader versoek om genade en vergifnis aan die mense te verleen, omdat hulle nie geweet het dat Jesus die Seun van God gekruisig was, om hulle van hul sondes te verlos nie. Terloops hulle het nie eers besef dat hul optredes sonde was nie. Dit was Sy eerste kruiswoord gewees.

Jesus het in liefde vir die mense wie Hom gekruisig het, gebid

Jesus, die Seun van God, het vir hulle wie Hom gekruisig het gebid, alhoewel Hy onskuldig en vlekkeloos was. Hoe opreg en groot is Sy liefde! Jesus kon baie maklik van die kruis afgekom het, om Sy kruisiging te voorkom, omdat Hy een is met God die Almagtige en deur God die Vader bemagtig was. Nogtans, was Hy gekruisig om die saligheidsplan ooreenkomstig God se wil, ten uitvoer te bring. Daarom, kon Hy al die ontberings en vernederings verduur, en daarna vir hulle in liefde bid en vra vir hulle vergifnis.

Jesus het ernstig gebid, "Vader vergeef hulle; want hulle weet nie wat hulle doen nie." Hier, "hulle" verwys nie slegs na hulle wie Hom gekruisig en bespot het nie, maar na diegene wie nie Jesus Christus aangeneem het nie, en voortgaan om in die duisternis te lewe. Net soos hulle wie Jesus, die Seun van God, gekruisig het doen baie mense sonde omdat hulle nie Jesus Christus en die waarheid ken nie.

Jou vyand, die duiwel, behoort aan die duisternis en haat die lig, daarom het hy vir Jesus die ware lig, gekruisig. Vandag, beheer die duiwel diegene wie aan die duisternis behoort, en moedig hulle aan om diegene wie in die lig wandel, te vervolg.

Hoe kan jy teenoor vervolgers wie nie die waarheid ken nie, reageer?

Jesus het jou geleer wat God se wil is, en wat 'n Christen se houding moet wees, aan die hand van die eerste kruiswoorde. In Matteus 5:44, staan, "Maar Ek sê vir julle: Julle moet julle vyande liefhê, en julle moet bid vir dié wat vir julle vervolg." Dus moet ons instaat wees om vir hulle wie ons vervolg, te bid, deur te sê, "Vader vergeef hulle. Hulle weet nie wat hulle doen nie. Seën hulle sodat hulle ook die Here kan ontmoet, dat ons weer eendag in die hemel kan ontmoet."

2. Vandag sal Jy saam met My in die Paradys wees

Twee misdadigers was saam met Jesus op Golgota, "die plek wat Kopbeen genoem word," gekruisig (Lukas 23:33).

Een van die misdadigers het neerhalende opmerkings na Hom geslinger, maar die ander misdadiger het die eerste misdadiger berispe, berou getoon, en Jesus as sy persoonlike Saligmaker aangeneem. Daarna het Jesus hom belowe dat Hy saam met Hom in die Paradys sal wees. Dit is die tweede kruiswoord van Jesus aan die kruis.

Een van die misdadigers wat daar gehang het, het Hom gelaster deur te sê: "Is jy dan nie die Christus nie? Red jouself en ons ook!" Maar die ander een het hom tereggewys en gesê: "Is jy nie bang vir God nie? Jy ondergaan tog dieselfde straf as hierdie man! In ons geval is dit regverdig, want ons ontvang die verdiende straf vir ons dade. Maar hierdie man het niks verkeerds gedoen nie." Verder sê hy: Jesus, dink aan my wanneer U in u koninkryk kom." Jesus antwoord hom: "Ek verseker jou: Vandag sal jy saam met My in die paradys wees" (Lukas 23:39-43).

Jesus het verkondig dat Hy die Messias was wie sondaars kon vergewe en red, deur Sy tweede kruiswoord, indien hulle hul sondes bely.

Wanneer jy die vier evangelies lees, sal jy agterkom dat die twee misdadigers se reaksies verskillend weergegee word. In Matteus 27:44 word gesê, "Op dieselfde manier het die rowers wat saam met Hom gekruisig is, Hom ook beledig." In Markus 15:32 staan geskrywe, "'Laat die Christus, die koning van Israel, nou van die kruis af kom, sodat ons dit kan sien en in hom glo!' Die twee wat saam met Hom gekruisig is, het Hom ook beledig." Vanuit hierdie twee evangelies blyk dit dat albei misdadigers beledigings na Jesus geslinger het.

Nogtans, in Lukas 23, lees jy dat die een misdadiger die ander een berispe het, sy sondes bely het, Jesus Christus aangeneem het en sodoende gered was. Dit was nie omdat die evangelies nie in ooreenstemming met mekaar was nie. In plaas daarvan, in Sy voorsienigheid, laat God die skrywers toe om op verskillende maniere te skryf. In die Bybel is God se voorsienigheid en die historiese beginsels dieselfde. Indien alles in die fynste besonderhede geskryf moes word, sou een duisend Bybels nie genoeg gewees het nie.

Vandag, indien jy 'n iets met 'n videokamera opneem, kan jy later weer daarna kyk, maar in Jesus se tyd het daar nie sulke toerusting bestaan nie. Hulle kon selfs nie eers een foto daarvan neem nie, alhoewel dit baie belangrike gebeurtenisse was. Hulle kon slegs oor hierdie gebeure skryf. Ten spyte van die klein verskille, kan jy nogtans 'n bepaalde situasie heel realisties beleef.

'n Beter begrip van Jesus se kruisiging

Tydens Jesus se verkondiging van die evangelie het groot groepe mense Hom gevolg. Sommiges wou na Sy boodskap luister, ander wou wonderwerke en tekens vanaf die hemel sien. Party volgelinge wou kos gehad het. Sommiges het selfs hulle eiendomme verkoop, om Jesus te dien en te volg.

In Lukas 9, het Jesus na die hemel opgekyk, en die seën vir die vyf brode en die twee visse gevra. Net die mans bymekaar was al omtrent vyf duisend (Lukas 9:12-17). Stel jou voor hoeveel meer mense, insluitende hulle wie vir Jesus lief was of Hom gehaat het, het op die plek van Sy kruisiging saamgedrom. Die skare het die kruis so omring, dat die soldate hulle met spiese en skilde moes blokkeer. Stel jou voor 'n jillende skare mense by Jesus, in 'n sirkel naby die kruis. Die skare het Hom beledig. Selfs een van die misdadigers wie weerskante van Jesus gehang het, het Hom ook beledig.

Wie sou kon hoor wat die eerste misdadiger werklik gesê het? Dit was vanselfsprekend baie rumoerig daar, dus kon slegs die mense die naaste aan Jesus, Sy Woorde gehoor het. Die ander misdadiger het met 'n ernstige gesigsuitdrukking, iets vir Jesus gesê. Hierdie misdadiger het inderwaarheid die ander misdadiger, wie Jesus beledig het, berispe. Nietemin, hulle aan die teenoorgestelde kant wat ver weg was, kon maklik gedink het dat hierdie belydende misdadiger ook vir Jesus in die middel, beledig het.

Aan die een kant, in daardie raserige toestand kon die skrywers van die evangelies van Matteus en Markus dalk nie die belydende misdadiger duidelik hoor nie, en het gedink dat hy ook vir Jesus beledig. Dus het hulle geskryf dat albei misdadigers vir Jesus beledig het.

Aan die ander kant, die skrywer van die evangelie van Lukas het heelwaarskynlik duidelik gehoor, albei midadigers het nie vir Jesus beledig nie, maar een het bely. Verskillende skrywers was op verskillende plekke, daarom skryf hulle verskillend.

God, wie alles weet, gee vir hulle die geleenthede om verskillend te skryf, sodat mense later 'n sekere situasie duideliker kan onderskei.

Hemelse plek vir die geredde misdadiger

Jesus het die misdadiger, wie voor sy dood aan die kruis sy sondes bely het, iets belowe, "Jy sal saam met My in die Paradys wees." Dit het 'n geestelike betekenis.

Die hemel, God se koninkryk, is baie groter as wat jy jou kan voorstel. Selfs Jesus vertel ons in Johannes 14:2, "In die huis van my Vader is daar baie woonplek. As dit nie so was nie, sou Ek nie vir julle gesê het Ek gaan om vir julle plek gereed te maak nie." Die psalmdigter moedig ons aan, "Prys Hom, hoogste hemele, en waters in die hoë hemelruim!" (Psalm 148:4). Nehemia 9:6 loof God wie die hemele, en selfs die hoogste hemele gemaak het. 2 Korintiërs 12:2 praat van, "Ek ken 'n man wat aan Christus behoort. Veertien jaar gelede is hy weggeruk tot in die derde hemel. Of dit met die liggaam was of sonder die liggaam, weet ek nie, net God weet dit." In Die Openbaring 21:2, staan dat in die Nuwe Jerusalem is God se troon gevestig.

Ewneens, in die hemel is daar baie woonplekke aanwesig. Alhoewel, jy word nie toegelaat om in enige plek van jou keuse te gaan woon nie. Die God van geregtigheid ken daardie blyplekke toe, ooreenkomstig wat jy in hierdie wêreld verrig het: hoeveel jy die Here nagevolg het, en vir die koninkryk van God gedoen het en hoeveel skatte jy in die hemel versamel het, ensovoorts (Matteus 11:12; Die Openbaring 22:12).

Johannes 3:6 lees, "Wat uit die mens gebore is, is mens; en

wat uit die Gees gebore is, is gees." Afhangende tot watter mate jy jouself van die vleeslike dinge losmaak, en 'n geestelike persoon word, sal die wonings in die hemel toegeken word, en in twee groepe met dieselfde geestelike vlakke, verdeel word.

Natuurlik, is elke plek in die hemel pragtig, omdat God dit bestuur. Eweneens, daar is selfs in die hemel verskille. Byvoorbeeld, lewenswyse, stokperdjies, lewensstandaarde en die leefwyse in 'n wêreldstad verskil baie van die op die platteland. Op dieselfde wyse, is die heilige stad, Nuwe Jerusalem, die heerlikste plek in die hemel waar God se troon gevestig is, en waar die kinders wie Hom nagevolg het, saam sal vergader.

Nietemin, die Paradys is die plek waar die belydende misdadiger aan die kruis, nou aan die buitewyke van die hemel woon. Baie ander wie ook skandelike saligheid ontvang het, sal ook daar woon. Hierdie mense het Jesus Christus aangeneem, maar nie na vore getree om geestelik te verander nie.

Waaom het die belydende misdadiger die Paradys binne gegaan?

Hy het bely dat hy ten spyte van sy goedhartigheid, 'n sondaar was, maar Jesus as sy Saligmaker aangeneem. Nietemin, het hy nie ontslae geraak van sy sondes nie, en nie volgens God se Woord gelewe nie, en ook nie die evangelie verkondig nie. Hy het nie vir God gewerk nie. Hy het niks gedoen om 'n hoër hemelse prys te kry nie. Dit is waarom hy in die Paradys is, die hemel se laagste vlak.

Jesus se neerdaling na die boonste graf

Alhoewel Jesus vir die misdadiger belowe het, "Vandag sal jy saam met My in die Paradys wees," beteken nie dat Jesus slegs in die Paradys in die hemel woon nie. Jesus, die Koning van die konings en die Here van alle heersers, bestuur en woon saam met al God se kinders in die hemele, insluitende die Paradys en Nuwe Jerusalem. In elke opsig woon Hy dus in die Paradys, asook in ander plekke in die hemel.

Toe Jesus vir die geredde misdadiger gesê het, "Vandag sal jy saam met My in die Paradys wees," "vandag" verwys nie spesifiek na die dag toe Jesus aan die kruis gesterf het , of enige ander dag nie. Jesus het bedoel dat Hy met die belydende misdadiger sou wees, waar hy ookal sal wees vanaf die oomblik, wat hy God se kind geword het.

Indien jy na die Bybel verwys, het Jesus nie direk na Sy kruisiging, na die Paradys gegaan nie. In Matteus 12:40, het Jesus vir sommige van die Fariseërs vertel dat, "Soos Jona drie dae en drie nagte in die maag van 'n groot vis was, so sal die Seun van die mens drie dae en drie nagte binne-in die aarde wees." Efesiërs 4:9 lees, "Hierdie uitdrukking: 'Hy het opgevaar,' veronderstel tog dat Hy eers neergedaal het na wat laer is, naamlik na die aarde toe."

In aanvulling hiertoe, 1 Petrus 3:18-19 sê, "Ook Christus het een maal vir die sondes gely, die onskuldige vir die skuldiges, om julle na God te bring, Christus wat as mens doodgemaak is, maar deur die Gees lewend gemaak is. En so het Hy na die geeste in die gevangenis gegaan en daar sy oorwinning aangekondig." Jesus het na die boonste graf gegaan en die evangelie aan die geeste verkondig, voordat Hy op die derde dag opgewek was. Waarom was dit nodig?

Voordat Jesus na die wêreld gekom het, het baie mense gedurende die Ou en selfs die Nuwe Testamentiese tye, nie die geleenthede gehad om die evangelie te hoor nie, maar in goedheid gelewe, en God aangeneem. Beteken dit dat hulle almal hel toe gaan, omdat hulle nie weet wie Jesus is nie?

God het Sy enigste Seun na die wêreld gestuur, en wie ookal Hom aanneem, sal gered word. God sou nie die menslike opheffing begin het, net om hulle wie Jesus Christus na Sy kruisiging aangeneem het, te red nie. Hulle wie nie die geleentheid gehad het om die evangelie te hoor nie, maar nogtans met 'n skoon gewete geleef het, sal ooreenkomstig hulle gewete beoordeel word.

Aan die een kant, daardie mense met 'n skoon gewete sal in die "boonste graf" vergader. Aan die ander kant, die "laer graf" waarna ook as die "doderyk" verwys word, is waar die sondige siele tot die oordeelsdag sal woon. Na Sy kruisiging, het Jesus na die boonste graf gegaan, om die evangelie te verkondig aan die geeste wie nie die evangelie geken het nie, maar met 'n skoon gewete gelewe het, en wie waardig was om gered te word.

Daar is geen ander naam onder die hemel aan die mens gegee, waardeur hulle gered kon word nie, slegs Jesus Christus alleen. Dit is waarom Jesus gegaan het en omtrent Homself vir die geeste gepreek het, sodat hulle Hom kon aanneem, en gered word.

Die Bybel sê dat die geeste wat voor Jesus se kruisiging gered was, was weggedra na die ereplek langs Abraham (Lukas 16:22), maar is weggedra na die ereplek langs Jesus, na Sy opstanding.

Saligheid ooreenkomstig die gewetensoordeel

Voordat Jesus na hierdie wêreld gekom het om die evangelie te verkondig, het gelowige mense volgens die geregtigheid van hul harte gelewe. Dit is die gewetenswet. Gelowige mense sondig nie wanneer hul probleme het en probleme ondervind nie, omdat hulle na hul harte luister.

Romeine 1:20 lees, "Van die skepping van die wêreld af kan 'n mens uit die werke van God duidelik aflei dat sy krag ewigdurend is en dat Hy waarlik God is, hoewel dit dinge is wat 'n mens nie met die oog kan sien nie. Vir hierdie mense is daar dus geen verontskuldiging nie."

Deur die heelal te sien en hoe alles in harmonie is, sal gelowige mense glo dat daar 'n ewige lewe is. Dit is waarom hulle nie volgens hulle sondige natuur lewe nie, en hulle self beheer teenoor die wêreld se plesier, omdat hulle God vrees.

Romeine 2:14-15 lees, "Wanneer heidene, wat nie die wet het nie, tog vanself dinge doen wat die wet vereis, is hulle vir hulleself 'n wet al het hulle nie die wet nie. Die optrede van sulke mense bewys dat die eise van die wet in hulle harte geskrywe staan. Ook hulle gewetens getuig daarvan wanneer hulle in 'n innerlike tweestryd deur hulle gedagtes aangekla of vrygespreek word."

God het die wet slegs aan die Israeliete, maar nie aan die nie-Jode gegee. Nogtans, is dit asof die nie-Jode volgens die wet in hulle harte lewe, hulle gewetes toeneem en deur hulleself beoefen word. Jy kan nie sê dat diegene wie nie in Jesus Christus glo nie, kan nie gered word, omdat hulle nooit die evangelie in hulle lewens gehoor het nie.

Tussen hulle wie gesterf het sonder om Jesus Christus te ken, was daar sommiges mense wie hulleself teen sondige gedagtes kon beheer, omdat hulle suiwer harte gehad het. Hierdie mense sal gered word, ooreenkomstig God se beoordeling van hul gewetes.

3. Liewe vroumens, Hier is jou Seun; Hier is Jou Moeder

Die apostel Johannes het geskryf oor wat hy gesien en gehoor het, van die kruis waaraan Jesus gehang het. Daar was baie vroumense insluitende Maria, Jesus se moeder; Salome, Sy moeder se suster; Maria die vrou van Klopas; en Maria Magdalena. In Johannes 19:26-27, sê Jesus vir die hartseer Maria, Sy moeder, om aan Johannes as haar seun te dink, en vir Johannes om na haar om te sien as sy moeder:

Toe Jesus sy moeder sien en die dissipel vir wie Hy baie lief was, wat by haar staan, sê Hy vir haar: "Daar is u seun." Daarna sê Hy vir die dissipel: "Daar is jou moeder." Van daardie oomblik af het die dissipel haar in sy huis geneem.

Waarom het Jesus vir Maria "Vroumens," en nie "Moeder" genoem nie?

Die woord "moeder" word nie deur Jesus gespreek nie, maar is deur die apostel Johannes vanuit sy eie perspektief geskrywe. Waarom dan, het Jesus Sy eie moeder wie aan Hom geboorte geskenk het, "vroumens" genoem?

Wanneer jy na die Bybel verwys, het Jesus haar nooit "moeder" genoem nie.

Byvoorbeeld, in Johannes 2:1-11, het Jesus die eerste wonderwerk laat plaasvind, deur water in wyn te verander, nadat Hy Sy evangeliebediening begin het. Hierdie wonderwerk het by 'n troue in Kana, in Galilea, plaasgevind. Jesus en Sy dissipels was ook na die troue toe uitgenooi. Toe die wyn opraak, sê Jesus se moeder vir Hom: "Hulle het nie meer wyn nie." Sy het geweet as die Seun van God, was Jesus bevoeg om water in wyn te verander. Maar Hy sê vir haar: "Waarom sê u dit vir My? My tyd het nog nie gekom nie." (v. 4).

Jesus se antwoord het bedoel dat die tyd nog nie vir Hom aangebreek het, om te wys dat Hy die Messias was nie, terwyl Maria eintlik net sleg gevoel het omdat die bruilofgaste nie meer wyn gehad het nie. Om water in wyn te verander, beteken geestelik dat Jesus sou Sy bloed aan die kruis stort.

Jesus het oor Homself verkondig dat Hy na hierdie wêreld gekom het as ons Saligmaker, met voltooiing van die goddelike plan van die menslike saligheid aan die kruis. Dit is waarom Hy Maria "vroumens," en nie "moeder" genoem het nie.

Buitendien, ons Saligmaker Jesus is God die Drie-eenheid, en die Skepper. God die Skepper is, "Ek is wat Ek is" (Eksodus 3:14), en Hy is die, "Eerste en die Laaste" (Die Openbaring 1:17, 2:8). Vandaar hierdie probleem, Jesus het nie 'n moeder nie, dit was die rede waarom Hy vir haar "vroumens," en nie "moeder" genoem het nie. Vandag, sal baie kinders van God verwys na Maria as Jesus se "heilige moeder" of maak standbeelde van haar, waarvoor hulle buig en aanbid. Jy moet verstaan dat dit absoluut verkeerd is, omdat sy nie die moeder van ons Saligmaker is nie (Eksodus 20:4).

Die hemelse burgerskap

Jesus het vir Maria, wie groot spanning met Sy kruisiging belewe het, getroos en vir Sy geliefde dissipel, Johannes, versoek om na Maria om te sien asof sy, sy eie moeder was. Alhoewel Jesus geweldige pyn aan die kruis moes deurmaak, was Hy nogtans diep besorgd oor wat van Maria, na Sy dood gaan word. Jy kan sekerlik Sy wondelike liefde hier ervaar.

Deur middel van Jesus se derde kruiswoord kan jy seker in die geloof besef, dat ons almal broers en susters van God se familie is. In Matteus 12 is 'n toneel waarin Jesus se familie opdaag om Hom te sien. Toe Jesus daarvan verwittig is dat Sy moeder en Sy broers buitekant staan, sê Hy vir die skare:

Maar Hy sê vir die man wat dit vir Hom gesê het: "Wie is My moeder, en wie is My broers?" Toe wys Hy met sy hand na sy dissipels en sê: "Daar is my moeder en my broers! Elkeen wat die wil doen van my Vader wat in die hemel is, dié is my broer en my suster en my moeder" (Matteus 12:48-50).

Soos wat jou geloof groei, nadat jy Jesus Christus aangeneem het, sal jou begrip van burgerskap in die hemel duideliker word, en jou liefde vir jou broers en susters in Christus, selfs groter as vir jou biologiese familielede word. Indien jou familielede nie God se kinders is nie, sal jou "familie" nie vir ewig voortbestaan nie. Jou familiebande word deur die dood beëindig. Indien hulle nie in Jesus Christus glo nie, of nie volgens Sy wil lewe nie, en selfs beweer dat hulle in God glo, sal hulle reguit hel toe gaan, omdat die loon van die sonde die dood is (Matteus 7:21).

Jou vleeslike liggaam keur terug tot stof na die dood, maar jou gees is onverganklik. Nadat God jou gees geneem het, sal jou liggaam spoedig vergaan. God die Skepper het die eerste mens uit stof geskep, en die lewensasem in sy neusgate geblaas, sodat sy gees onverganklik sou wees. Dit is God wie geboorte aan jou onverganklike gees verleen het, en die vlees gemaak het om na stof te kan terugkeer. Daarom, Hy is jou ware Vader.

Matteus 23:9 sê vir ons, "Moet niemand hier op die aarde as 'vader' aanspreek nie, want Een is julle Vader: die Vader in die hemel." Dit beteken nie dat jy nie jou ongelowige familielede moet liefhê nie. Dit is baie belangrik dat jy hulle waarlik moet liefhê, sodat jy die evangelie aan hulle kan verkondig, en hulle lei om Jesus Christus aan te neem.

4. Eloï, Eloï, Lemá Sabagtani?

Jesus was om drie-uur gekruisig, en van ses-uur het daar duisternis oor die hele aarde gekom. Dit het tot nege-uur aangehou, totdat Jesus Sy laaste asem uitgeblaas het. Om dit na die moderne tydsglewe om te skakel, was Hy om nege-uur voormiddag gekruisig. Drie ure later, teen twaalfuur die middag het die duisternis oor die hele aarde gekom, en tot drie-uur die middag voortgeduur.

Teen twaalfuur die middag het daar duisternis oor die hele land gekom en dit het tot drie-uur geduur. Om drie-uur het Jesus hard uitgeroep: "Eloï, Eloï, lemá sabagtani?" Dit beteken: My God, My God, waarom het U My verlaat? (Markus 15:33-34)

Ses ure later, teen nege-uur, het Jesus hardop tot God uitgeroep, "Eloï, Eloï, lemá Sabagtani?" Dit was Jesus se vierde kruiswoord gewees.

Jesus was uitgeput, want Hy het toe reeds vir ses ure in die warm woestynson aan die kruis gehang, terwyl Sy bloed en water uit Sy liggaam gevloei het. Dus, waarom het Hy hardop uitgeroep?

Elkeen van Jesus se sewe kruiswoorde, het 'n geestelike betekenis. Indien dit nie hoorbaar was nie, sou dit betekenisloos gewees het. Die sewe kruiswoorde was veronderstel om duidelik in die Bybel opgeneem te word, sodat almal die wil van God kon verstaan.

Daarom het Hy die sewe kruiswoorde hard en duidelik uitgeroep, sodat almal rondom die kruis dit duidelik kon hoor, en dit kon neerskryf.

Sommige het gesê dat Jesus tot God met 'n wrok in Sy hart

uitgeroep het, omdat Hy na hierdie wêreld in vlees moes kom, en onnodige groot pyn moes verduur. Dit is absoluut onwaar.

Waarom het Jesus uitgeroep, "Eloï, Eloï, Lemá Sabagtani?"

Die rede waarom Hy na die aarde gekom het, was om die werk van die duiwel te vernietig, en deure te open wat tot ons saligheid sou lei.

Dus, Jesus was aan God se wil tot die einde gehoorsaam, en het Homself daarvoor geoffer. Voor Sy kruisiging het Hy ernstig tot God gebid, tot so 'n mate dat Sy sweet soos bloeddruppels op die grond geval het (Lukas 22:42-44). Hy het Sy las gedra, wetende van die die pyn wat Hy aan die kruis sou moes verduur.

Hy het die mishandeling en pyn aan die kruis verduur, omdat Hy van God se plan vir die mensdom geweet het. Hoekom sou Jesus dan 'n wrok gekoester het voor Sy dood? Sy uitroepe was nie 'n teken van droefheid of 'n aanslag tot God nie. Jesus het redes daarvoor gehad.

Eerstens, Jesus wou aan die wêreld verkondig dat Hy gekruisig sou word, om sondaars van hulle sondes te verlos.

Hy wou hê dat almal moes verstaan dat Hy het Sy trots in die hemel verlaat, en was kompleet deur God verontagsaam, alhoewel Hy die enigste Seun van God was. Hy het uitgeroep sodat almal moes weet watter geweldige pyn Hy aan die kruis moes deurmaak, om sondaars van hul sondes te verlos. Die Bybel wys ons daarop dat Hy gewoonlik na God as "my Vader" verwys, maar aan die kruis het Jesus Hom, "my God" genoem. Dit is omdat Jesus namens die sondaars gekruisig is, en die sondaars nie vir God "Vader" kan noem nie.

Op daardie oomblik het God vir Jesus tot skande gemaak, as 'n sondaar om al die sondes van die mensdom te dra, en daarom kon Jesus dit nie durf waag, om God as "Vader" aan te spreek nie. Op dieselfde wyse noem jy vir God "Abba Vader" wanneer julle liefde wedersyds is, maar noem Hom "God" in plaas van "Vader" wanneer jy sonde gedoen het, of jou geloof swak is.

God wil hê dat alle mense ware kinders van Hom moet wees wie Hom "Vader" kan noem, deur Jesus Christus aan te neem, en in die lig te wandel.

Tweedens, Jesus wil mense wie nie God se wil ken nie, en steeds in die duisternis lewe, daarteen waarsku.

God het Sy enigste Seun Jesus Christus na hierdie wêreld gestuur, en toegelaat dat Hy deur Sy eie skepsels bespot en gekruisig word. Jesus het geweet waarom God Sy eie Seun verontagsaam het, maar die skare wie Hom gekruisig het, het nie God se wil verstaan nie. Hy het uitgeroep, "My God, My God, waarom het U My verlaat?" sodat die onkundige God se liefde kan verstaan en kan bely, om sodoende terug na die weg van die saligheid te beweeg.

5. Ek het Dors

In die Ou Testament, is daar 'n groot aantal weergawes aangaande Jesus se kruislyding. In Psalm 69:22, sê dit, "Toe ek honger was, het hulle my gif aangebied, toe ek dors was, wou hulle my asyn laat drink." Soos dit voorspel was in Psalms, toe Jesus gesê het, "Ek is dors," het mense 'n spons in wynasyn deurweek, en aan die tak van 'n hisopplant na Jesus se lippe opgelig.

Hierna het Jesus, met die wete dat alles klaar volbring is en sodat die Skrif vervul kan word, gesê: "Ek is dors." Daar het 'n kan vol suur wyn gestaan. Die soldate het toe 'n spons vol suur wyn op 'n hisoptakkie gesit en dit teen Sy mond gehou (Johannes 19:28-29).

Lank voordat Jesus Christus in die stad van Bethlehem gebore was, het die psalmdigter 'n visioen gesien, waarvolgens Jesus gekruisig sou word, en aan die kruis sterf, en daaroor geskryf. Jesus het gesê, "Ek is dors" sodat die Skrif vervul kon word.

Laat ons nadink oor die geestelike betekenis van Jesus se vyfde kruiswoord, "Ek is dors."

Jesus verklaar Sy geestelike dors

Baie mense kan honger, maar nie dors verduur nie. Jesus was totaal uitgeput, omdat Hy reeds ses ure lank aan 'n kruis vasgespyker was, terwyl Hy Sy bloed in die versengende woestynson gestort het. Die mate van Sy dors was onbegryplik.

Dit is nie te sê dat Jesus nie uithouvermoë het toe Hy gesê het, "Ek is dors," nie. Hy het geweet dat Hy spoedig in vrede, na God teruggaan.

Inderwaarheid, het Hy meer pyn van geestelike dors, as fisiese dors ervaar. Dit is Jesus se grootste begeerte vir God se kinders: "Ek is dors omdat Ek My bloed gestort het. Verlig My dors, deur vir My bloed te betaal."

Twee duisend jaar het verloop sedert Jesus se dood aan die kruis, maar steeds vertel Hy vir ons dat Hy dors is. Sy dors was as gevolg van Sy bloedstorting. Hy het Sy bloed vir ons sondes gestort, sodat jy 'n ewige lewe kan hê.

Jesus vertel jou dat Hy dors is, om daardeur te wys dat Hy gewillig is om die verlore siele te red. Daarom, God se kinders wie deur Jesus se bloed gered is, moet iets in ruil daarvoor, teruggee.

Die wyse waarop jy vir Sy bloed terugbetaal, en Sy dors les, is om mense op hul onbekende weg vanaf die hel na die hemel te lei.

Daarom, moet jy dankbaar wees dat Jesus Sy bloed gestort het, en nou Sy dors les, deur mense op die weg van die saligheid te lei.

6. Dit is Volbring

In Johannes 19:30 staan geskrywe, Nadat Jesus die suur wyn gekry het, het Hy gesê: "Dit is volbring!" Toe het Hy sy kop vooroor laat sak en die laaste asem uitgeblaas. Jesus het die spons wat op 'n hissopplant se tak was, aanvaar. Dit was nie omdat Hy die dors nie kon hanteer nie. Daar is 'n geestelike bedoeling met hierdie handeling.

Die rede waarom Jesus in vlees na die wêreld gekom het, was om vir die mensdom se sondes gekruisig te word. Met Sy groot liefde vir ons het Jesus die wet van die Ou Testament vervul, deur die mensdom se sondes en vloeke namens hulle te hanteer. Gedurende die Ou Testamentiese tye het die mense ge-offerde diere se bloed vir Jesus aangebied, wanneer hulle gesondig het. Nietemin, Jesus het één offer vir die sondes, vir altyd gebring, deur Sy bloed te stort (Hebreërs 10:11-12). Dus, jou sondes is jou vergewe, die oomblik toe jy Jesus Christus aangeneem het, omdat Hy jou reeds vrygekoop het. Verlossingsgenade deur

Jesus Christus verwys na nuwe wyn, en Hy het die suur wyn gedrink, om vir ons nuwe wyn te gee.

Die geestelike betekenis van die woorde "Dit is Volbring"

Jesus het gesê, "Dit is Volbring" en daarna Sy laaste asem uitgeblaas. Geestelik wat beteken dit?

Jesus het vlees geword en na die aarde gekom, die evangelie verkondig, alle siektes en swakhede genees, en die weg na die saligheid gebaan, deur gekruisig te word vir almal wie vir die dood bestem was.

Hy het die wet van die Ou Testament met liefde vervul, deur Homself tot die dood te offer. Verder, het Hy die duiwel oorwin, deur die duiwel se werke te vernietig. Dit is hoe Hy die goddelike plan vir die menslike saligheid, voltooi het. Dit is waarom Jesus aan die kruis gesê het, "Dit is volbring."

God wil hê dat Sy kinders alles moet vervul, deur volgens God se wil te lewe, net soos wat sy enigste Seun Jesus die voorsienigheid van die saligheid vervul het, en gehoorsaam aan die Vader was, tot Sy dood toe. Hy het volgens God se wil en plan gelewe.

Dus, eerstens moet jy die Here se hart navolg, deur geestelike liefde te verwerf: deur die gedrag van die nege vrugte van die Heilige Gees (Galasiërs 5:22-23), en die saligheid ten uitvoer te bring (Matteus 5:3-10). Dan moet jy dankbaar teenoor God wees, vir die werk wat Hy vir jou gegee het. Jy moet baie mense na die Here lei, deur ernstig te bid, die evangelie te verkondig, en die kerk te dien.

Ek hoop en vertrou dat elkeen van julle, God se dierbare kinders, sal die wêreld met kragtige geloof oorwin, uitsien na die hemel en liefde vir God, en getuig, "Dit is volbring" deur aan God en Sy wil gehoorsaam te wees, op dieselfde wyse as wat ons Here Jesus Christus vir ons bewys het.

7. Vader, in U hande gee Ek My gees oor

Teen die tyd dat Hy Sy laaste woorde aan die kruis gespreek het, was Jesus uiterlik uitgeput. In hierdie toestand het Jesus met 'n harde stem uitgeroep, "Vader, in u hande gee Ek my gees oor."

Jesus het hard uitgeroep: "Vader, in u hande gee Ek my gees oor." Na hierdie woorde het Hy die laaste asem uitgeblaas (Lukas 23:46).

Jy het sekerlik daarvan kennis geneem, dat Jesus vir God, "Vader" in plaas van "My God," genoem het. Dit is 'n aanduiding dat Jesus nou Sy sending as 'n soenoffer, voltooi het.

Jesus het Sy siel en gees aan God oorgegee

Waarom het Jesus, wie na die aarde as ons Saligmaker gekom het, Sy gees en Sy siel, in die hande van Sy Vader oorgegee?

Die mens is geestelik so met gees, siel en liggaam saamgestel (1 Tessalonisense 5:23). Wanneer hy sterf, sal sy gees en siel sy liggaam verlaat. Sy gees en siel sal na God terugkeer, indien hy 'n kind van God is. Andersins, sal sy gees en siel na die hel gaan (Lukas 16:19-31). Sy liggaam word begrawe, en sal na stof terugkeer.

Jesus, die Seun van God, het vlees geword en na hierdie wêreld gekom. Hy het gees en siel asook 'n liggaam, net soos ons gehad. Na Sy kruisiging het Sy liggaam doodgegaan, maar nie Sy gees en siel nie; Hy het Sy gees en siel in God se hande oorgegee.

God ontvang beide jou gees en siel wanneer jy doodgaan. Indien God slegs jou gees maar nie jou siel ontvang nie, sal jy nooit die ware geluk in die hemel kan ervaar nie, of uit die diepte van jou hart kan dankbaar wees nie. Waarom? Jy sal nie die dinge kan onthou, wat uit jou hart kom nie. Dinge soos trane, hartseer, ontberings en baie ander dinge wat jy op die aarde verduur het nie. Dit is waarom God jou gees, sowel as jou siel ontvang.

Waarom dan, het Jesus Sy gees en siel aan God oorgegee? Dit is omdat God die Skepper is, wie alles in die heelal bestuur en omsien na jou lewe, dood, vloeke en seëninge. Dit is om te sê, dat alles aan God behoort, en onder Sy heerskappy staan. God is die Een wie jou gebede aanhoor en beantwoord. Dus, Jesus Homself moes bid om Sy gees en siel aan God die Vader, oor te gee.

(Matteus 10:29-31).

Jesus het met 'n harde stem gebid

Waarom het Jesus met 'n harde stem gebid, terwyl Hy in die middel van ondraaglike pyn verkeer het, deur te sê, "Vader, in U hande gee Ek My gees oor"?

Dit was omdat Hy wou gehad het dat die mense hoor, dat om hardop te bid, eintlik God se wens is. Sy gebed om Sy gees aan God oor te gee, was net so ernstig soos Sy gebed in Getsemane, kort voordat Hy gevange geneem was.

Selfs, Jesus se gebed, "Vader in U hande gee Ek My gees oor," bewys dat Jesus alles volgens God se wil, vervul het. Dit het daarop neergekom, Hy kon nou Sy gees aan God op 'n trotse wyse oorgee, nadat Hy Sy werk in gehoorsaamheid aan God afgehandel het.

Die apostel Paulus het getuig,"Ek het die goeie wedloop afgelê; ek het die wenstreep bereik; ek het gelowig end-uit volgehou. Nou wag die oorwinnaarskroon vir my, die lewe by God. Op die dag dat Hy weer kom, sal die Here, die regverdige Regter, dit vir my gee, en nie net vir my nie, maar ook vir almal wat met verlange uitsien na sy koms" (2 Timoteus 4:7-8).

Diaken Stefanus het ook ooreenkomstig God se wil gelewe, en sy geloof behou. Dit is waarom hy kon bid, "Here Jesus, ontvang my gees," terwyl hy sy laaste asem uitgeblaas het

(Handelinge 7:59). Die apostels Paulus en Stefanus kon nie op daardie manier gebid het, indien hulle 'n wêreldse lewe gelei het, met die uitdagings van die plesiere van die sondige natuur nie.

Eweneens, jy kan trots sê, "Dit is volbring" en "Vader in U hande gee Ek My gees oor," op die wyse wat Jesus dit gedoen het, indien jy ooreenkomstig God se wil gelewe het.

Wat het na Jesus se dood gebeur?

Jesus het aan die kruis gesterf, nadat Hy Sy laaste woorde hardop uitgeroep het. Dit was die negende uur (drie-uur in die namiddag). Alhoewel dit daglig was, het daar duisternis oor die hele land gekom, vanaf die sesde (middag) tot die negende uur en die voorhangsel in die tempel het middeldeur geskeur (Lukas 23:44-45).

Op daardie oomblik het die voorhangsel van die tempel van bo tot onder middeldeur geskeur. Die aarde het geskud, en die rotse het uitmekaar gebars. Grafte het oopgegaan, en baie gelowiges wat dood was, is opgewek, en hulle het uit hulle grafte uitgegaan. Na Jesus se opstanding het hulle in die heilige stad gekom, waar hulle aan baie mense verskyn het (Matteus 27:51-53).

Daar is 'n baie belangrike geestelike betekenis van die

sinsnede, "die voorhangsel van die tempel het middeldeur geskeur." Die lang gordyn van die tempel was om die Heilige Plek van die Heilige der Heilige, te skei. Niemand kon die Heilige Plek binnegaan nie, behalwe die priester, en die hoëpriester kon die Heilige der Heilige slegs eenkeer per jaar binnegaan.

Die skeuring van die tempelgordyn dui daarop dat Jesus Homself as 'n vredesoffer geoffer het, om die sondemuur af te breek. Voordat die gordyn in twee geskeur het, het die hoëpriester sonde-offers, namens die mense aan God opgedra.

Jy kan 'n direkte verhouding met God hê, omdat die sondemuur met Jesus se kruisiging, afgebreek is. Daarom, wie ookal in Jesus Christus glo, kan die heiligdom binnegaan, en sonder tussengangers, hoëpriesters en profete aanbid, en tot God in die gebed tree.

Daarom het die skrywer van Hebreërs die volgende opmerking gemaak, "Broers, ons het dus nou deur die bloed van Jesus vrye toegang tot die heiligdom, en dit op 'n weg wat nuut is en na die lewe lei. Hierdie weg het Hy vir ons gebaan deur die voorhangsel heen, dit is deur sy liggaam" (Hebreërs 10:19-20).

Ter aanvulling, die aarde het geskud en die rotse het gebars. Al hierdie onnatuurlike gebeurtenisse vertel jou dat die hele natuur in hierdie wêreld was geskud. Dit het God se droefheid weergegee, as gevolg van die mens se sondigheid. God het Sy misnoeë daardeur te kenne gegee, dat Hy baie teleurgesteld was omdat die mens se hart so verhard het, om nie vir Jesus Christus aan te neem nie, en dit nadat Hy Sy enigste Seun gegee het, om hulle te red.

Graftes het oopgegaan, en die liggame van baie heilige mense wie dood was, opgewek. Deur die opwekking is bewys, dat wie ookal in Jesus Christus glo, word vergewe en sal ewig lewe.

Daarom, vertrou ek dat jy die geestelike betekenisse en die liefde van die Here met Sy laaste sewe kruiswoorde aan die kruis verstaan, sodat jy 'n oorwinnende Christelike lewe sal lei, en uitsien na die Here se wederkoms, soos wat die voorvaders van die geloof doen.

Hoofstuk 8

Ware Geloof en die Ewige Lewe

1. Wat 'n Diepsinnige Verborgenheid is dit!
2. Valse Belydenisse lei nie tot Saligheid nie
3. Die Vlees en Bloed van die Seun van die Mens
4. Vergifnis Slegs deur in die Lig te Wandel
5. Geloof met Dade is Ware Geloof

"Wie my liggaam eet en my bloed drink, het die ewige lewe, en Ek sal hom op die laaste dag uit die dood laat opstaan. My liggaam is die ware voedsel, en my bloed is die ware drank. Wie my liggaam eet en my bloed drink, bly in My en Ek in hom. Soos die lewende Vader My gestuur het, en Ek deur Hom lewe, so sal hy wat My eet, ook deur My lewe."

Johannes 6:54-57

Die einddoel om in Jesus Christus te glo, en kerk by te woon, is om gered te word en die ewige lewe te verkry. Nogtans, baie mense dink dat hulle gered kan word deur Sondae kerk toe te gaan, en sê dat hulle in Jesus Christus glo, sonder om ooreenkomstig God se Woord te lewe.

Beslis, soos wat dit in Galsiërs 2:16 sê, "En tog weet ons dat 'n mens nie van sonde vrygespreek word deur die wet van Moses te onderhou nie, maar alleen deur in Jesus Christus te glo. Ook ons het tot die geloof in Christus Jesus gekom, en dit is hoe ons vrygespreek is: deur in Christus te glo en nie deur die wet te onderhou nie, want geen mens word vrygespreek op grond daarvan dat hy die wet onderhou nie," jy kan nie die hemel binnegaan of geregverdig word, deur bloot die wet uiterlik waar te neem, vernaamlik wanneer jou hart vol sonde is nie. Jy het geen verhouding met Jesus Christus nie, indien jy voortgaan om te sondig, en nie volgens Sy Woord te lewe nie, selfs nadat jy dit geleer het.

Daarom moet jy besef dat dit moeilik vir jou sal wees om gered te word, indien jy jou geloof slegs mondelings profeteer. Die bloed van Jesus Christus reinig jou alleenlik van jou sonde, indien jy in die lig en geloof lewe. Jy moet ware geloof hê, met gepaardgaande dade (1 Johannes 1:5-7).

Dus, laat ons nou breedvoerig beskou hoe om ware geloof te bekom, om sodoende die saligheid en die ewige lewe, as ware kinders van God, te verkry.

1. Wat 'n Diepsinnige Verborgenheid is dit!

In Efesiërs 5:31-32 staan geskrywe, "Daarom sal 'n man sy pa en ma verlaat en saam met sy vrou lewe, en hulle twee sal een wees. Hierin lê daar 'n diep geheimenis opgesluit, en ek pas dit toe op Christus en die kerk. Maar dit is ook op julle van toepassing. Elkeen moet sy vrou so lief hê soos hy homself liefhet, en 'n vrou moet aan haar man eerbied betoon."

Dit is algemene kennis dat mense hulle ouers verlaat, nadat hulle opgegroei het, om een met hulle man of vrou te word. Waarom dan, het God gesê dat dit 'n groot verborgenheid was? Indien jy hierdie vers letterlik vertolk en verstaan, sal jy weet wat die "groot verborgenheid" is nie, maar indien jy die geestelike betekenis daaragter besef, sal jy met vreugde vervul word.

Hier verwys die "kerk" na God se kinders, wie die Heilige Gees ontvang het. Naamlik, God vergelyk die verhouding tussen Jesus Christus en die gelowiges, met die van 'n man en vrou wie een geword het.

Hoe kan jy die wêreld verlaat, en een word met jou Bruidegom, Jesus Christus?

Indien jy Jesus Christus in die geloof aanneem

Sedert die eerste mens, Adam, sonde gedoen het deur

ongehoorsaam teenoor God te wees, het sonde hierdie wêreld binnegedring. Al sy afstammelinge het slawe van die sonde en kinders van die vyandige duiwel, wie oor die wêreld regeer, geword.

Jy het ook voorheen aan hierdie wêreld en die vyandige duiwel, wie die wêreld van die duisternis beheer, behoort, voordat jy Jesus Christus aangeneem het. Dit word deur Johannes 8:44 bevestig, wat lees, "Julle is kinders van die duiwel; hy is julle vader, en julle wil doen wat julle vader wil hê julle moet doen. Hy was van die begin af 'n moordenaar. En hy staan nie aan die kant van die waarheid nie, omdat daar geen waarheid in hom is nie. Wanneer hy leuentaal praat, is dit volgens sy aard, want hy is 'n leuenaar en die vader van die leuen," en deur 1 Johannes 3:8, wat sê, "Wie aanhou sonde doen, behoort aan die duiwel, want die duiwel hou van die af aan met sondig."

Nietemin, wanneer jy Jesus Christus aanneem as jou Saligmaker en in die lig beweeg, ontvang jy die magte as God se kind en word van die sonde bevry, omdat jou sondes deur die bloed van Jesus Christus vergewe is.

Indien jy die geloof besit wat Jesus Christus vir jou sonde aan die kruis betaal het, en Hy vir jou die Heilige Gees as geskenk gee, sal die Heilige Gees die gees in jou hart voortplant. Die Heilige Gees vertel en leer jou aangaande God se wil, en hoe om jou te gedra en volgens die waarheid te lewe.

Dan word jy 'n kind van God, gelei deur die Gees van God,

en wat ons tot God laat roep: "Abba Vader" (Romeine 8:14-15), en word erfgename van die hemelse koninkryk.

Hoe wonderlik en verborge is dit nie dat die kinders van die duiwel, wie eens op 'n tyd op pad na die ewige verdoemenis was, kinders van God geword het, en deur geloof na die hemel gelei word!

Wanneer jy met Jesus Christus verenig het, deur in Hom te glo, kom die Heilige Gees in jou hart en verenig met die saad van die lewe. God het die eerste mens uit stof geskep, en in sy neusgate die asem van die lewe geblaas. Die asem van die lewe is die saad van die lewe, en die lewe self. Dus, dit kan nooit doodgaan nie, en dit word van geslag tot geslag deur middel van die menslike sperm en eierselle voortgedra.

Die saad van die lewe, word in die hart bewaar. Nadat God vir Adam geskep het, het Hy die kennis van die lewe, die kennis van die gees, in sy hart geplant. Op dieselfde wyse as wat 'n pasgebore baba die kennis van hierdie wêreld moet aanleer, om 'n mens met kultuur en karakter te word, om soos 'n mens te lewe, net so het die mens die kennis van die lewe nodig, alhoewel dit self reeds lewe is.

Adam was eens op 'n tyd slegs met die kennis van die gees, naamlik die waarheid, gevul. Nietemin, nadat hy teenoor God ongehoorsaam was, was die kommunikasie na God afgesluit. Hy het daarna die kennis van die gees stelselmatig begin verloor, en onwaarhede het in sy hart oorgeneem.

Sedertdien, het 'n hart wat slegs met die waarheid gevul was, in twee verdeel: waarheid en onwaarhede. Byvoorbeeld, Adam het liefde in sy hart gehad, maar die vyandige duiwel het 'n onwaarheid, genaamd haat, in hom geplant. Die gevolg daarvan was, soos gesien in Genesis 4, Kain, die kind van Adam (wie gesondig het), het sy broer Abel as gevolg van afguns en jaloesie, doodgeslaan.

Met die verloop van tyd, ontwikkel 'n ander deel in die hart, wat met waarheid en onwaarhede gevul word. Daardie deel word "natuur," genoem. Jy erf die karaktereienskappe en trekke vanaf jou ouers af oor. Jy handel volgens wat jy sien en hoor, gepaardgaande met jou verstand se gevoelens. Hierdie twee vorm saam die "natuur," in opvolging van die waarheid.

Hierdie natuur word dikwels "gewete" genoem, en dit word verskillend saamgestel, afhangend van die soort mense wie jy ontmoet, die tipe boeke wat jy lees en omstandighede waaronder jy grootgeword het. Byvoorbeeld, wanneer na dieselfde gebeurtenis gekyk word sal sommiges sê, "Dit is sondig" terwyl ander sal sê, "Dit is puik" of "Dit behoort tot die goedheid."

Dus, wanneer jy iemand se hart ontleed, is daar 'n waarheidsdeel wat aan God behoort, en 'n onware deel wat deur Satan voorsien was. 'n Mens se natuur word, as gevolg van hierdie twee dele gevorm.

Die Heilige Gees verenig met die saad van die lewe in die hart

In Adam se geval, het hierdie drie dele die saad van die lewe, wat deur God in die hart geplant was, omhul. Hierdie stelling wanneer God se Woord sê, "Jy sal sekerlik sterf, " was vervul, nadat Adam van die boom van die kennis van goed en kwaad geëet het. Alhoewel daar die saad van die lewe is, is dit nie verskillend om dood te wees, indien dit nie funksioneer nie.

Byvoorbeeld, wanneer jy saad op die landerye saai, ontkiem al die saad nie, want van die sade mag dalk dof (dood) wees. Egter, indien die saad nog goed is, sal dit sekerlik ontkiem.

Dit is dieselfde met die mensdom. Indien die saad van die lewe, soos deur God voorsien, volkome dood is, kan dit nie opgewek word nie. Dan is daar geen doel vir God om Jesus Christus vir die saligheid, of die hemel en aarde, vir die mensdom voor te berei nie.

Nogtans, die saad van die lewe soos aan die mens gegee, toe God die lewensasem in hom geblaas het, is ewigdurend. Wanneer jy die evangelie ontvang, die saad van die lewe herleef; hoe meer omvangryk die ware deel in jou hart is, hoe makliker sal jy die evangelie aanvaar. Wie ookal na die boodskap van die kruis luister, en Jesus Christus aanneem, sal die Heilige Gees ontvang. Op hierdie stadium is die saad van die lewe in jou hart, met die Heilige Gees verenig.

Inteendeel, mense met 'n skuldige gewete het geen ruimte vir die evangelie om hulle binne te dring nie, omdat die hart van onwaarhede totaal toegedraai is, en die saad van die lewe in hulle harte verseël is. Die saad van die lewe wat in 'n staat van die dood was, kry weer krag en lewe om behoorlik te funksioneer, wanneer dit met God se groot krag, die Heilige Gees, gekombineer word.

Om 'n Man van die Gees te word

Soos wat jy eredienste bywoon, en God se Woord verstaan, en ook bid, sal God se genade en groot krag in jou kom, en jou help om die Heilige Gees se natuur te volg.

Deur middel van hierdie proses, sal jou hart en gees een word, soos wat jou hart al meer en meer waar word, deur die onwaarhede te verwyder, en met waarhede vervang. Indien jou hart volkome met die gees en waarheid gevul is, sal hierdie hart die gees self wees, op dieselfde wyse as wat die eerste mens, Adam, gewees het.

Selfs al mag jy gelowig lyk, handel jy volgens jou natuur, indien jy nie bid nie. Die Heilige Gees binne jou kan nie die gees bewerkstellig nie, aangesien jy nog steeds 'n mens van vlees is. Bowendien, kan jy nie die Heilige Gees se natuur volg, indien jy nie breek met jou eie gedagtes en argumente nie, selfs al bid jy baie ernstig of vir lang periodes. Daarom kan jy nie in 'n man van die gees herskep word nie.

Die Heilige Gees stel jou in staat om ooreenkomstig die waarhede in jou hart te dink. Dit is, jy lewe na die Heilige Gees se begeertes. Gevolglik, Satan werk op dieselfde wyse om jou ondergang te probeer bewerkstellig, deur jou uit te lok om die vleeslike gedagtes te volg, terwyl jy nog onwaarhede in jou hart het.

Daarom, moet jy ontslae raak van beide vleeslike gedagtes en eiegeregtigheid, soos wat in 2 Korintiërs 10:5 geskrywe staan, "Daarmee vernietig ons die redenasie en elke hooghartige aanval wat teen die kennis van God gerig word. Ons neem elke gedagte gevange om dit aan Christus gehoorsaam te maak."

Wanneer jy aan God se Woord gehoorsaam is, deur "Ja" te sê en die begeertes van die Heilige Gees te volg, kan jou hart slegs met die waarheid gevul word, dan kan jy 'n perfekte heilige mens van die gees word.

Jy kan ontvang wat jy ookal vra

Jy verenig met die Here wanneer jy onwaarhede verwerp, eiegeregtigheid afbreek deur gestalte aan die gees met die Heilige Gees te gee, en jou hart so rein soos die Here Jesus Christus s'n te maak.

'n Man en vrou word een vlees, en gee geboorte aan 'n baba deur 'n eier en spermsel te verenig. Eweneens, wanneer jy die wêreld verwerp en een met Jesus Christus word, deur Hom aan te neem, sal jy geboorte aan die gees met die Heilige Gees gee, en oorvloediglike seëninge as kind van God ontvang.

Soos dit in Romeine 12:3 staan, daar is mates van geloof, en ooreenkomstig die mates sal jy antwoorde ontvang. In 1 Johannes 2:12 en wat daarop volg staan, die geloofsgroei kan vergelyk word met die proses van die mens se groei.

Diegene wie Jesus Christus aanneem, ontvang die Heilige Gees en word gered, daarna is hulle soos klein kindertjies gelowig (1 Johannes 2:12).Hulle wie probeer om die waarheid na aksie om te skakel, het die geloof van kinders (1 Johannes 2:13). Wanneer hulle ouer word en uiteindelik die waarheid in aksie omskakel, het hulle die geloof van jongmense (1 Johannes 2:13). Indien hulle meer volwasse word, bekom hulle die geloof van die vaders (1 Johannes 2:13).

Wanneer jy van Job in die Ou Testament lees, sal jy sien dat God hom as 'n eerlike en opregte mens beskou het, maar toe Satan vir Job versoek het, het God toegelaat dat Satan vir Job toets. Eerstens het Job daarop aangedring dat hy regverdig is. Nogtans het hy spoedig sy sondigheid besef, en dit voor God bely, toe sy sondige natuur gedurende die toets blootgelê was. Job se eiegeregtigheid was vernietig, en sy hart het regverdig en suiwer volgens God se siening geword. Eers toe kon God hom meer oorvloediglik seën, as tevore.

Eweneens, indien jy die maat van die vaderlike geloof verkry, wat die hoogste vlak van geloof is, deur jou eie eiegergtigheid te verbreek en met die Here verenig, kan jy oorvloedige seëninge soos 'n kind van God ontvang. Dit is wat God jou volgens 1 Johannes 3:21-22 belowe het: "Geliefdes, as ons gewete ons nie veroordeel nie, het ons vrymoedigheid om na God te gaan; en wat ons vra, kry ons van Hom omdat ons sy gebooie gehoorsaam en doen wat Hy goedvind."

Jy kan seëninge as 'n kind van God geniet

Op hierdie wyse word jy een met Jesus Christus, in so 'n mate dat jy geestelik word. Jy sal ook seëninge ontvang deur een met God te word, soveel as wat jy God se geregtigheid ten uitvoer bring.

Jesus belowe jou in Johannes 15:7 dat, "As julle in My bly en my woorde in julle, vra dan net wat julle wil hê, en julle sal dit kry." Ook in Johannes 17:21 vertel Hy ons, "Ek bid dat hulle almal een mag wees, net soos U, Vader, in My is en Ek in U, dat hulle ook in Ons mag wees, sodat die wêreld kan glo dat U My gestuur het.

Eweneens, indien jy met die Here verenig is, en deur hierdie wêreld kan gaan, wat deur die duiwelse krag van duisternis regeer word, sal jy met God die Vader verenig. Galasiërs 4:4-7 lees soos volg:

Maar toe die tyd wat God daarvoor bepaal het, aangebreek het, het Hy sy Seun gestuur. Hy is uit 'n vrou gebore en van sy geboorte af was Hy aan die wet onderworpe om ons, wat aan die wet onderworpe was, los te koop sodat ons as kinders van God aangeneem kon word. En omdat ons sy kinders is, het God die Gees van sy Seun in ons harte gestuur, en in ons roep Hy uit: "Abba!" Dit beteken: Vader! Jy is dus nie meer 'n slaaf nie; jy is nou 'n kind van God. En omdat jy sy kind is, het God jou ook sy erfgenaam gemaak.

Op dieselfde wyse wat mense besittings van hul ouers erf, erf jy die koninkryk van God wanneer jy Sy kind word, deur Jesus Christus aan te neem. So, die kinders van die duiwel erf die hel vanaf die duiwel, en die kinders van God erf die hemel vanaf God.

Nogtans, moet jy in gedagte hou dat hulle wie nie geboorte aan die gees deur die Heilige Gees gegee het nie moet hel toe gaan, omdat die hemel 'n suiwer plek is wat met die waarheid gevul is. Tot die mate wat jou gees voorspoedig is en met God verenig, sal jy die vreugde belewe om nader aan God in die hemel geplaas te word.

Daarom, vertrou ek dat jy die seëning van die ewige lewe sal ontvang, deur Jesus Christus, jou bruidegom, aan te neem, en met die Here Jesus en God die Vader te verenig, deur die onwaarhede en eiegeregtighede te verwerp. Op hierdie wyse kan jy al die eer aan God gee.

2. Valse Belydenisse Lei nie tot Saligheid nie

Jesus Christus word jou ware bruidegom, wie jou op die weg van die ewige lewe en seëninge lei, wanneer jy deur geloof met Hom verenig word. Indien jy ooreenkomstes het met Jesus Christus, jou bruidegom, se hart en volkome geloof verkry, sal jy nie alleen die koninkryk van die hemel erf nie, maar jy sal ook daar soos die son skyn.

Wanneer jy die Bybel sorgvuldig lees, sal jy vind dat baie mense wie daarop aanspraak maak dat hulle in God glo, nie werklik gered is nie. In Matteus 25, is daar 'n gelykenis van tien maagde. Vyf wyse maagde wie voorbereid was met olie was gered, maar die ander vyf onwyse maagde kon nie gered word nie.

Eweneens, God vertel vir jou duidelik wie kan en wie kan nie gered kan word nie, selfs al sal elkeen van hulle daarop aanspraak maak, dat hulle gelowig is. Jy sal dan weet watter soort lewe jy moet lei, om gered te word.

Dit sê duidelik in Matteus 7:21, "Nie elkeen wat vir My sê: 'Here, Here,' sal in die koninkryk van die hemel ingaan nie, maar net hy wat die wil doen van my Vader wat in die hemel is." Indien jy Jesus 'Here, Here' noem, beteken dit dat jy glo dat Jesus die Christus is. Alhoewel, jy kan nie gered word deur bloot die Here se naam aan te roep, en om Sondae eredienste by te woon nie.

Sondaars kan nie gered word nie

God vertel jou omtrent die oordeel in Matteus 13:40-42:

Soos die onkruid bymekaargemaak en met vuur verbrand word, so sal dit by die voleinding van die wêreld wees. Die Seun van die mens sal sy engele stuur, en hulle sal uit sy koninkryk verwyder almal wat ander mense in sonde laat val, en almal wat die wet van God oortree, en sal hulle in die brandende oond gooi. Daar sal hulle huil en op hulle tande kners.

Wanneer 'n boer oes, plaas hy sy koring in 'n skuur, maar die kaf word in 'n vuur verbrand. Op dieselfde wyse vertel God jou dat diegene wie vir Hom onaanvaarbaar is, moet gestraf word.

"Alle struikelblokke" verwys na almal van hulle wie daarop aandring dat hulle in God glo, maar ander broers en susters met geloof in die versoeking bring, en so veroorsaak dat hulle hul geloof verloor. Dus, jy sal nie gered word, indien jy veroorsaak dat mense sondig en kwaad doen nie.

Wat dan, is kwaad? 1 Johannes 3:4 lees, "Elkeen wat sonde doen, oortree die wet van God. Sonde is immers oortreding van die wet van God."

Net soos wat elke land sy eie stel wettte het, is daar ook 'n geestelike wet in God se koninkryk aanwesig. Die wet van die geestelike koninkryk, is God se Woord soos in die Bybel opgeteken. Wie ookal God se Woord ontheilig, is gedoem, op dieselfde wyse as wat iemand vervolg word wie die wet oortree het. Daarom, die ontheiliging van God se Woord is, kwaadwillig en sondig.

God se wet kan grootliks in vier kategorië verdeel word naamlik: "doen dit," "moenie dit doen nie," "hou dit," en "verwerp dit." Sedert God lig is, vertel Hy Sy kinders om te doen wat reg is, om dit wat verkeerd is, nie te doen nie, en om die pligte van God se kinders na te kom en om dit wat God verafsku te verwerp, omdat Hy wil hê dat Sy kinders in die lig moet lewe.

In Deuteronomium 10:12-13 God dring by ons aan, "En nou, Israel, die Here jou God vra net dat jy Hom moet eer, sy wil moet gehoorsaam, Hom moet liefhê en dien met hart en siel. Gehoorsaam die gebooie en voorskrifte wat die Here jou vandag deur my gee. Dit sal tot jou voordeel wees." Aan die eenkant sal jy seëninge ontvang, indien jy God se Woord ten uitvoer bring. Aan die anderkant sal jy die ewige dood ontvang, indien jy kwaad doen en sondig, en nie volgens Sy Woord lewe nie.

Galasiërs 5:19-21 sê die volgende omtrent die werking van die vlees:

Die praktyke van die sondige natuur is algemeen bekend: onsedelikheid, onreinheid, losbandigheid, afgodsdiens, towery, vyandskap, haat, naywer, woede, rusies, verdeeldheid, skeuring, afguns, dronkenskap, uitspattigheid en al dergelike dinge. Ek waarsku julle soos ek julle al vroeër gewaarsku het: Wie hom aan sulke dinge skuldig maak, sal nie die koninkryk van God as erfenis verkry nie.

"Onsedelikheid" verwys na alle vorme van seksuele onreinhede sonder behoud van kuisheid, insluitende seksuele verhoudings voordat jy wettiglik getroud is. "Onreinhede" beteken hier wanordelike handelinge, verby die grense van 'n gesonde verstand, wat voortvloei uit die sondige natuur.

"Wellustigheid" is wanneer jy altyd jou sondige, seksuele onreinheid volg, en lewe met owespelige woorde en dade. "Afgodedienary" is om voorwerpe te aanbid, wat vervaardig is van goud, silwer, brons en ander metale, of wanneer jy liewer is vir enigiets, as wat jy vir God self lief is.

"Towery" is om iemand met slu leuens in die versoeking te bring. "Vyandskap" is om die begeerte te hê om ander mense deur vyandigheid te vernietig, die teenoorgestelde van liefde. "Onenigheid" verwys na die verbete stryd om na eie –

bevoordeling, en mag te soek. "Jaloesie" is om ander persone te haat, omdat jy voel dat hy beter as jy is. "Woede uitbarstings" beteken nie alleen om kwaad te wees nie, maar veroorsaak ook skade aan ander, as gevolg van buitengewone toorn.

"Geskille" verwys na die vorming van 'n afsonderlike groep, of tak wat die werke van Satan navolg, omdat jy van die ander verskil. "Verdeeldheid" is is om 'n ander party te skep en jou eie denke te volg, en nie die Heilige Gees se gedagtes nie. "Faksies" verwys na die ontkenning van God Drie - eenheid en Jesus wie in vlees gekom het, Sy bloed gestort het om mense te verlos, en die Christus te word.

"Afguns" is die vernietiging, of die uitvoering van skadelike handelinge teenoor iemand, as gevolg van jaloesie. "Dronkenskap" is die handeling wat volg op die misbruik van alkohol, en "Suipery" beteken nie alleen om dronk te word nie, selfbevredigende leefstyl, gebrek aan selfbeheersing nie, maar ook jou onvermoë om jou pligte behoorlik, as eggenoot of ouer na te kom.

Ter aanvulling, "dinge soos hierdie" beteken dat daar baie ooreenstemmende sondige dade soos hierdie bestaan, en diegene wat hierdie dade pleeg, sal nie gered word nie.

Sondes wat lei tot die dood, en nie lei tot die dood nie

In hierdie wêreld, "sonde" word as 'n "sonde" beskou, wanneer die resultaat van daardie sonde duidelike en fisiese skade aan die ander party veroorsaak, met ondersteunende grondige bewyse daarvan. Nogtans, God, wie Lig is, vertel vir ons dat nie slegs sondige dade nie, maar ook die duisternis wat teen die lig is, is sonde.

Alhoewel dit nie vertoon of van getuig word nie, is alle sondige begeertes in jou hart soos byvoorbeeld, haat, afguns, jaloesie, wellus, veroordeling van ander, verwerping, harteloosheid en oneerlike gedagtes alles euwels en sonde as sodanig.

Dit is waarom God vir ons sê, "Maar Ek sê vir julle: Elkeen wat na 'n vrou kyk en haar begeer, het reeds in sy hart met haar egbreuk gepleeg" (Matteus 5:28), en "Elkeen wat sy broer haat, is 'n moordenaar; en julle weet dat geen moordenaar die ewige lewe in hom het nie" (1 Johannes 3:15). Ter aanvulling, in Romeine 14:23 word gesê, "As iemand egter twyfel en tog eet, is hy klaar veroordeel omdat hy dit nie uit geloofsoortuiging doen nie. En enigiets wat 'n mens nie uit geloofsoortuiging doen nie, is sonde," en Jakobus 4:17 lees, "As iemand weet wat die regte ding is om te doen en hy doen dit nie, is dit sonde." Daarom, moet jy besef dat dit sonde en wetteloosheid is, om nie te doen wat God van ons verwag en vir ons beveel om te doen nie.

Nietemin, sal alle persone sterf indien hulle hierdie sondes pleeg? Jy moet besef dat dit is om in die geloof te lewe, indien iemand sou leuens vertel voor gebede, om 'n geloofwaardige mens te word. Selfs al het hulle nog nie alle oneerlikhede in hul harte verwerp nie, as gevolg van hulle swak geloof, is dit nie waar dat hulle nie gered kan word weens hierdie sonde nie.

1 Johannes 5:16-17 sê vir ons,"As iemand sy broer sonde sien doen wat nie tot die dood lei nie, moet hy bid en God sal die broer die ewige lewe gee. Dit geld dié wat sonde doen wat nie tot die dood lei nie. Daar is sonde wat tot die dood lei; daarvoor sê ek nie dat hy moet bid nie. Alle ongeregtigheid is sonde, maar daar is sonde wat nie tot die dood lei nie."

Sondes word gewoonlik in twee kategorie verdeel: die een soort lei tot die dood, en die ander nie. Hulle wie sonde doen wat nie tot die dood lei nie, kan gered word indien jy hulle ondersteun, en vir hulle bid, en hulle begelei om hulle sondes te bely. Nogtans, indien iemand sonde doen wat tot die dood lei, kan hy nie gered word nie, selfs al sal jy vir hom bid.

Mense wie partykeer as eerlik beskou word, sal soms leuens tot hul eie voordeel vertel, of sal baie misleidende dade verrig, selfs al sal die dade nie ander benadeel nie. Jy sal tot die besef kom dat jy 'n sondaar was wanneer jy die waarheid besef, alhoewel jy van mening was dat jy 'n opregte lewe gelei het, voordat jy in God begin glo het. God wys nie alleen vir jou die sondes wat sigbaar is nie, maar ook die sondige gedagtes in jou hart, alles wat ook sondes is.

Alle verkeerde dade is sonde, en die loon van die sonde is die dood. Nogtans, Jesus Christus het al jou sondes van die verlede, huidige, en die toekoms vergewe deur Sy bloed aan die kruis te stort. Daar is sondes wat deur die krag van Jesus se bloed vergewe kan word, wanneer jy dit bely en dit verwerp. Hierdie is sondes wat nie tot die dood lei nie.

Indien jy nie jou sondes bely nie, maar voortgaan om te sondig, sal jou gewete verhard en jou minder aanspreek. Dan, uiteindelik, kan jy nie die gees van vergifnis ontvang nie, indien jy 'n sonde pleeg wat tot die dood lei nie. Dus, jou sondes kan nie vergewe word nie, selfs al probeer jy dit bely.

Dus, laat ons vervolgens ky na die drie soorte sondes wat tot die dood lei: lastering teen die Heilige Gees, Om die Seun van God herhaaldelik aan vernedering te onderwerp, en om opsetlik voort te gaan om te sondig.

Laster van die Heilige Gees

Daar is drie vorme van lastering teen die Heilige Gees. Jy laster wanneer jy teen die Heilige Gees in opstand kom, of die Heilige Gees se werk probeer vernietig of wanneer jy die Heilige Gees oneer aandoen.

"Daarom sê Ek vir julle: Elke sonde en lastering kan die mens vergewe word, maar die lastering teen die Heilige Gees kan nie vergewe word nie. As iemand iets teen die Seun van die mens sê, kan dit hom vergewe word; maar as iemand iets teen die Heilige Gees sê, kan dit hom nie vergewe word nie, nie in hierdie bedeling nie en ook nie in die toekomstige nie." (Matteus 12:31-32).

"Elkeen wat teen die Seun van die mens iets sê, kan vergewe word; maar hy wat teen die Heilige Gees laster, kan nie vergewe word nie." (Lukas 12:10).

Eerstens, "weerspreking van ander" is om hulle te beskinder, en hulle werke af te kraak. "Weerspreking van die Heilige Gees" is om te probeer om die uitvoering van God se koninkryk te ontwrig, deur die werke van die Heilige Gees deur ons eie wil en denke, te probeer verhoed. Byvoorbeeld, dit is weerspreking van die Heilige Gees wanneer jy die werk van God teenstaan, indien dit nie met jou denke ooreenstem nie, alhoewel dit werke van die Heilige Gees is.

Indien jy 'n dienskneg van God veroordeel as 'n ketter, en hy inderwaarheid nie een is nie, en jy die werke van die Heilige Gees ontwrig, is dit 'n geweldige sonde voor God, sodat dit onvergeefbaar is. Daarom, jy moet kan onderskei tussen geeste ooreenkomstig die waarheid.

Natuurlik moet jy mense ernstig waarsku, en hulle gedrag nie toelaat, indien hulle probeer om ander te oorreed om duiwelse geeste te ontvang, of waarlik ketters in die oë van God is. Titus

3:10 lees, "Met iemand wat na twee vermanings nog skeuring veroorsaak, moet jy niks te doen hê nie."

Vandag, veroordeel baie mense sekere kerke as kettery of vervolg hulle selfs op baie maniere, alhoewel hulle God die Drie-eenheid aanvaar, en vergesel word van die Heilige Gees se werke, omdat sulke mense nie tussen verskillende geeste kan onderskei nie. Alhoewel hulle daarop aanspraak maak dat hulle in God glo, het hulle nie genoegsame bybelse kennis oor dwaalleer nie. Somtyds ken hulle nie eers die definisie van dwaalleer nie.

In die geval van vervolging van ander, as gevolg van die gebrek ten opsigte van behoorlike kennis, indien mense bely en dit verwerp, kan hulle vergewe word. Egter, indien hulle die werke van God ontwrig met 'n duiwelse voorneme en jaloesie, terwyl hulle weet dat dit die Heilige Gees se werk is, kan hulle nooit vergewe word nie.

Jy kan 'n voorbeeld hiervan in die Bybel vind. In Markus 3, terwyl Jesus wondertekens en werke vertoon het, het hulle wie jaloers op Hom was, 'n gerug versprei dat Hy mal was. Die gerug was so wyd versprei dat van Sy familielede wie 'n ent daarvandaan gewoon het, gekom het en Hom uit die publieke oog verwyder het.

Die verkondigers van die wet en die Fariseërs het Jesus gekritiseer, deur te sê, "Die skrifgeleerdes wat van Jerusalem af gekom het, het gesê: 'Hy is van Beëlsebul besete!' en 'Dit is met die hulp van die aanvoerder van die duiwels dat hy duiwels uitdrywe'" (Markus 3:22). Hulle het deeglike kennis van God se Woord. Hulle ken die wet baie goed, en het dit aan die mense verkondig, en steeds het hulle God se werke teengestaan, as gevolg van hul jaloesie en afguns, teenoor Jesus.

Tweedens, "opponering van die Heilige Gees se werk" is om die Heilige Gees se stem, wat God gegee het, uit te daag, of om die werke van die Heilige Gees te beoordeel of te vernietig, en om te probeer om ander mense leed aan te doen.

Byvoorbeeld, dit is teen die Heilige Gees om gerugte te versprei of om vals dokumente te fabriseer, of om 'n pastoor of 'n kerk as "ketters" te veroordeel, waar werke van die Heilige Gees vertoon word, en herlewingsbyeenkomste en vergaderings ontwrig word.

Dus, wat beteken "Wie ookal 'n woord spreek teen die Seun van die mens, dit sal vergewe word"? "Die Seun van die mens" in hierdie versie verwys na Jesus wie as 'n mens gekom het, voordat Hy aan die kruis gekruisig was.

Om teen die Seun van die mens te praat, is om teenoor Jesus ongehoorsaam te wees, en om Hom grotendeels as 'n persoon te reken, omdat Hy in die vlees gekom het. Die onvermoë om Jesus as die Saligmaker te erken, is as gevolg van 'n gebrek aan kennis. In hierdie geval, kan jy vergewe en gered word, slegs indien jy waarlik jou sondes bely, en die Here aanneem.

Daarom, indien jy hierdie soort sonde pleeg sonder om die

waarheid te weet, of voordat jy die Heilige Gees ontvang het, sal God vir jou die geleentheid gee om dit te bely, en jou keer op keer vergewe.

Nietemin, indien jy ongehoorsaam is en teen die Here draai, terwyl jy presies weet wie Jesus Christus is, moet jy besef dat jy nie daarvoor vergewe sal word nie, omdat dit dieselfde is as om teen die Heilige Gees standpunt in te neem, en teen die Heilige Gees se werke te wees.

Derdens, godslastering beteken ook om dinge wat goddelik, heilig en rein is, oneer aan te doen. Godslastering teenoor die Heilige Gees beteken ook om die Heilige Gees oneer aan te doen, die Gees van God, sowel as God se heiligheid. Dit is 'n sonde om God se ewige krag en heiligheid oneer aan te doen, wanneer jy die werke van die Heilige Gees belaster deur te sê dat dit die werke van Satan is, of wanneer jy daarop aandring dat dit die werke van die Heillige Gees is, terwyl dit nie so is nie. Deur ook die waarheid as onwaar te verkondig, en om onwaarhede as waar te aanvaar, en om dit wat waar is te veroordeel asof dit verkeerd is, is alles "godslastering teen die Heilige Gees."

In die ou dae, indien 'n persoon slegte dinge en handelinge van lastering, teenoor die koning kwyt geraak, was dit as verraad gereken, en hy was tot die dood veroordeel.

Indien jy laster teenoor God, wie almagtig is en nie vergelyk kan word met enige koningskap van hierdie wêreld nie, se heiligheid, kan jy nooit vergewe word nie.

Selfs Jesus, wie van nature God was, en na hierdie wêreld as vlees gekom het, het nie enigiemand veroordeel nie. Indien jy steeds nog broers en susters veroordeel, en verder meer die werke van die Heilige Gees tot skande maak, wat 'n skandalige sonde sal dit nie wees nie! Indien jy eerbiedig en met ontsag teenoor God staan, kan jy nooit die Heilige Gees weerspreek, Hom opponeer of tot skande maak nie.

Daarom, moet jy besef dat hierdie sondes nie nou, of in die toekoms, vergewe kan word nie, daarom moet jy nooit hierdie sondes pleeg nie. Selfs al het jy voorheen hierdie sondes gepleeg, moet jy God se genade soek, en dit met jou hele hart bely.

Onderskikking van die Seun van God om Hom tot bespotting te maak

Dit lei tot die dood om die Seun van God weer te kruisig, om Hom tot bespotting in die openbaar te maak, soos in Hebreërs 6 beskrywe:

Wanneer mense een keer deur God verlig is, die hemelse gawe ontvang en deel gekry het aan die Heilige Gees, die goeie woord van God leer ken het en die kragte van die toekomstige wêreld ondervind het en dan nogtans afvallig geword het, is dit onmoontlik om hulle weer tot bekering te bring. In hulleself kruisig hulle immers weer die Seun van God en maak hulle Hom in die openbaar tot 'n bespotting. (Hebreërs 6:4-6).

Sommige mense verlaat die kerk en God, gedurende die versoekinge van hierdie wêreld, en verval grootliks in ongenade, selfs al het hulle die Heilige Gees ontvang, wetende dat die hemel en hel bestaan, en in die woord van die waarheid glo. Ons sê dat hulle 'n sonde gepleeg het deur die Seun van God weereens te kruisig, en om Hom bloot te stel aan bespotting. Hierdie soort persoon pleeg nie alleen sondes soos deur Satan beheer nie, maar ontken ook God se bestaan, en vervolg en verkleineer die kerk en die gelowiges.

Hulle het reeds hulle gewetens aan Satan oorhandig, dus is hulle harte vol onreinhede.

Daarom, hulle sal geensins belangstel om hul sondes te bely nie, en die gees van belyding kom nie by hulle op nie. Hulle het nie die begeerte om te bely nie, daarom kan hulle nooit vergewe word nie.

Judas Iskariot het hierdie sonde gepleeg. Hy was een van Jesus se twaalf dissipels gewees. Hy was een van die getuies van baie tekens en wonders, maar hy het gulsig geword en uiteindelik Jesus vir dertig silwermuntstukke verkoop. Later, het sy gewete hom begin pla en hy was baie spyt gewees, maar die gees van belyding het by hom ontbreek. Sy sonde was onvergeeflik, en hy het uiteindelik homself opgehang, omdat hy grootliks deur sy skuldgevoelens gefolter was (Matteus 27:3-5).

Voortgang met moedswillige sondepleging

Die laaste sonde wat tot die dood lei, is om opsetlik te sondig, nadat jy reeds die kennis van die waarheid ontvang het.

Wanneer ons opsetlik bly sondig nadat ons die kennis van die waarheid ontvang het, is daar geen offer meer wat ons sondes kan wegneem nie. Daar bly alleen 'n verskriklike verwagting oor van oordeel en 'n gloeiende vuur wat die teenstanders van God sal verteer. (Hebreërs 10:26-27).

Om "voort te gaan met opsetlike sondiging, nadat die kennis van die waarheid ontvang is" beteken herhaalende handelinge wat God nie vergewe nie. Dit beteken ook om verder te sondig, wetende dat dit sonde is net soos, "Van hulle is die spreekwoord waar: 'n Hond gaan terug na sy braaksel toe' en, 'n Vark wat gewas is, gaan rol weer in die modder'" (2 Petrus 2:22).

Aan die een kant, toe Dawid, wie vir God so liefgehad het, owerspel gepleeg het, het dit tot baie sonde gelei. Dit het selfs veroorsaak dat hy een van sy lojaalste soldate vermoor het. Nietemin, toe die profeet Nathan die sonde uitgewys het, het Koning Dawid onmiddellik sy sonde bely.

Aan die ander kant weer, het Koning Saul voorgegaan om te

sondig, selfs nadat die profeet Samuel sy sondes uitgewys het. Dawid het bely en God se seëninge ontvang, terwyl Saul verwerp was, omdat hy nie bely het nie, en voortgegaan het om te sondig.

Ter aanvulling, die profeet Balaam, wie die mag gehad het om te seën en te vervloek, het vir hierdie wêreld liefgeword opsoek na rykdom en roem. Dit het veroorsaak dat hy tragies aan sy einde gekom het.

Aan die een kant, die Heilige Gees verflou en verdwyn mettertyd uit die harte van diegene wie opsetlik sondig, omdat God Sy rug op hulle draai. Hulle verloor dan hul geloof en doen slegte en verkeerde dade, wat deur die duiwel beheer word. Tenslotte sal die Heilige Gees volkome uit hulle verdwyn, en hulle kan nie gered word nie, omdat hulle nie kan bely nie. Dit het tot gevolg dat hulle name uit die Boek van die Lewe, verwyder sal word (Die Openbaring 3:5).

Aan die ander kant, is daar mense wie aanhou om te sondig, omdat hulle God deur kennis ken, maar nie met hulle hele hart in Hom glo nie. Hulle sondes kan vergewe word, en kan die weg van die saligheid bewandel, mits hulle waarlik en heelhartiglik hul sondes bely, en ware geloof bekom.

Daarom, moet jy weet dat jy nie gered sal kan word, indien jy opsetlik sondig nie, en die handelinge van die vlees uitvoer, al was jy voorheen verlig, en glo dat daar 'n hemel en 'n hel is, asook

God se oorvloedige genade ervaar.

Ek vertrou dat jy tenvolle sal verstaan dat alle sondes wetteloosheid en duisternis is, en God dit haat, al lei dit nie altyd tot die dood nie. Wees asseblief 'n wyse gelowige wie nie enige vorm van sondes toelaat, of pleeg nie.

3. Die Vlees en die Bloed van die Seun van die Mens

Om 'n gesonde leefwyse te handhaaf, moet jy die geskikte voedsel en drinkgoed inneem. Op dieselfde wyse moet jy vir 'n gesonde gees en om die ewige lewe te bekom, die Seun van die Mens se vlees eet, en Sy bloed drink.

Nou gaan jy leer wat die vlees en bloed van die Seun van die Mens is, en waarom jy Sy vlees moet eet, en Sy bloed moet drink om die ewige lewe te bekom, aan die hand van die volgende teksgedeelte van Johannes 6:53-55:

Maar Jesus sê vir hulle: "Dit verseker Ek julle: As julle nie die liggaam van die Seun van die mens eet en sy bloed drink nie, het julle nie die lewe in julle nie. Wie my liggaam eet en my bloed drink, het die ewige lewe, en Ek sal hom op die laaste dag uit die dood laat opstaan. My liggaam is die ware voedsel, en my bloed is die ware drank."

Wat is die vlees van die Seun van die mens?

Jesus vertel vir jou in die Bybel, met behulp van baie gelykenisse, die geheime van die hemel en God se wil. Vir mense wie in hierdie drie dimensionele wêreld lewe, is dit baie moeilik om God, wie woon in die vier dimensionele wêreld en hoër, se wil te verstaan en te begryp. Dus, Jesus vergelyk hemelse dinge met nie-lewende dinge, plante, diere en lewe in hierdie wêreld om ons te help om die heilige wil beter te verstaan.

Dit is waarom Jesus, die enigste Seun van God, vergelyk word met 'n rots en 'n ster, wat geen-dimensioneel is nie, met die een-dimensionele wingerdstok, met die twee-dimensionele lam en die Seun van die Mens, wie drie dimensioneel is.

Jesus word die Seun van die Mens genoem, dus is die vlees van die Seun van die Mens, die vlees van Jesus.

Johannes 1:1 vertel vir ons dat, "In die begin was die Woord daar, en die Woord was by God, en die Woord was self God." Johannes 1:14 merk op dat, "Die Woord het mens geword en onder ons kom woon. Ons het sy heerlikheid gesien, die heerlikheid wat Hy as die enigste Seun van die Vader het, vol genade en waarheid."

Jesus is die een wie na hierdie wêreld in vlees as die Woord van God gekom het. Daarom, die vlees van die Seun van die Mens, is God se Woord, wat die waarheid self is. Dus om die vlees van die Seun van die mens te eet, is om van God se Woord in die Bybel te leer.

Hoe om die vlees van die Seun van die mens te eet

In Eksodus 12:5 en die daaropvolgende verse word Jesus as die "Lam" uitgebeeld:

Dit moet 'n jaaroud rammetjie wees, sonder liggaamsgebrek, 'n skaap of 'n bok. Julle moet hom goed oppas tot die veertiende van hierdie maand, en dan moet die hele gemeente van Israel teen laat middag slag. Julle moet van die bloed smeer aan die sykante en die bokant van die deurkosyn van elke huis waar julle die lam gaan eet.

Oor die algemeen dink baie gelowiges dat die lam na die nuwe gelowiges verwys, maar wanneer jy die Bybel deeglik bestudeer, sal jy vasstel dat die lam 'n simbool van Jesus is.

Johannes die Doper, het na Jesus gekyk terwyl Hy na hom aangekom het, en in Johannes 1:29 gesê, "Dáár is die Lam van God wat die sonde van die wêreld wegneem!" En die apostel Petrus het na Jesus as 'n lam verwys in 1 Petrus 1:18-19, deur te sê, "Julle weet tog dat julle nie met verganklike middele soos silwer of goud losgekoop is uit julle oorgeërfde sinlose bestaan nie. Inteendeel, julle is losgekoop met die kosbare bloed van

Christus, die Lam wat vlekloos en sonder liggaamsgebrek is."
Behalwe hierdie vergelykings, vergelyk baie ander uitdrukkings
Jesus ook met 'n lam.

Waarom vergelyk die Bybel Jesus met 'n lam? 'n Lam is die
onskuldigste en die mees gehoorsame dier van almal. Dit herken
die herder se stem, en is gehoorsaam aan hom. Niemand anders
kan 'n lam bluf, deur die herder se stem na te boots nie. Dit
verskaf wit en sagte wol, melk vleis en ander dele van sy liggaam
aan die mense.

Net soos wat 'n lam alles vir die mens opoffer, was Jesus
gehoorsaam aan God se wil, en het Hy alles vir ons opgeoffer.

Jesus het na hierdie wêreld in vlees gekom, alhoewel Hy van
nature God was, het Hy die evangelie van die hemel verkondig,
en baie siektes en toestande genees, en was gekruisig. Jesus het
alles prysgegee, om jou van jou sondes te verlos.

Jesus word met 'n lam vergelyk, omdat Sy karaktertrekke en
handelinge ooreenstem met die van 'n sagte lam, en die eet van 'n
lam simboliseer die eet van Jesus se vlees, naamlik die vlees van
die Seun van die Mens.

Hoe dan, moet jy die vlees van die Seun van die Mens eet?
Laat ons na Eksodus 12:9-10 kyk, wat die volgende instruksies
deurgee:

Julle moet dit nie rou of in water gekook eet nie, maar oor die
vuur gebraai, met kop, pootjies, binnegoed en al. julle mag niks

daarvan tot die volgende môre laat oorbly nie. As daar die volgende môre tog iets oor is, moet julle dit verbrand.

Eerstens, jy moet nie God se Woord rou eet nie

Wat beteken dit om die vlees van die Seun van die Mens "rou" te eet?

Oor die algemeen is dit nie gesond om rou vleis te eet nie. Indien jy rou vleis eet, kan jy 'n soort virus of kiem kry, wat jou baie siek kan laat word. Op dieselfde wyse vertel God vir jou om nie God se Woord rou te eet nie, want dit is skadelik.

God se Woord is deur die Heilige Gees se inspirasie geskryf, dus moet jy die Woord met die inspirasie van die Heilige Gees lees, en jou voedsel maak.

Wat gebeur as jy God se Woord letterlik vertolk? Jy sal heel moontlik God se bedoeling daarmee, verkeerd verstaan. Daarom, om "God se Woord rou te eet," beteken dat jy die Bybel letterlik vertolk.

Soos Johannes 1:1 sê, "Die Woord was God," die Bybel bevat God se hart en wil, en alle dinge word ooreenkomstig die Woord ten uitvoer gebring.

God se Woord vertel vir ons hoe ons in die hemel kan kom. Jy moet God se Woord volkome verstaan, om die ewige lewe te bekom. Omgekeerd, 'n mens van vlees kan nie die geestelike wêreld sien, of aangryp nie.

Dit is soos 'n sonbesie wat nie weet dat daar 'n hemelruim bestaan nie, wanneer dit nog 'n papie ondergronds is. Dit is ook soos 'n kuiken wat nie bewus is van die buitewêreld, terwyl dit nog in die eierdop is nie. Dit is ook soos 'n baba wat niks van die wêreld weet, terwyl hy nog in die moederskoot is nie.

Eweneens, solank as wat jy deel is van hierdie vleeslike wêreld, sal jy niks van die geestelike wêreld weet nie.

God vertel vir jou dat daar ook 'n ander wêreld, behalwe hierdie drie-dimensionele wêreld is. Net soos wat 'n ongebore kuiken die eierdop moet breek, moet jy ook jou eie vleeslike gedagtes verwerp, ten einde te verstaan en die geestelike koninkryk binne te gaan.

Byvoorbeeld Matteus 6:6 lees, "Nee, as jy bid, gaan na jou kamer toe, maak die deur toe en bid tot jou Vader wat jy nie kan sien nie. Jou Vader wat sien wat verborge is, sal jou beloon." Indien jy hierdie vers letterlik vertolk, sal jy altyd in jou kamer moet bid. Alhoewel, jy kan nie enige voorgangers van die geloof vind, wie in die geheim in hul kamers gebid het nie.

Jesus het nie in Sy kamer gebid nie, maar na die berge gegaan, en die hele nag daar deurgebring (Lukas 6:12), en Hy het na 'n eensame plek in die oggend gegaan (Markus 1:35).

Ter byvoeging, Daniël het drie maal per dag, met oop vensters in die rigting van Jerusalem, gebid (Daniel 6:11) en die apostel Petrus het opgegaan na die huis se dakstoep, om te bid

(Handelinge 10:9).

Dus, wat het dit beteken toe Jesus gesê het, "Gaan na jou binnekamer, maak die deur toe, en bid"?

Hier, simboliseer 'n "kamer" geestelik die hart van 'n persoon. Dus om na jou binnekamer te gaan, beteken om jou gedagtes opsy te sit, en jou hart diep binne te dring, net soos wat jy verby 'n leefvertrek of 'n slaapkamer sal beweeg, om die binnekamer binne te gaan. Eers dan, kan jy met jou hele hart begin bid.

Wanneer jy jou binnekamer ingaan, word jy van die buitewêreld afgesluit. Eweneens, wanneer jy bid, moet jy jou van alle onnodige gedagtes, kwellinge en bekommernisse afsluit, en met jou hele hart tot God bid.

Daarom, moet jy nie die vlees van die Seun van die Mens rou eet nie. Jy moet nie die Woord van God letterlik vertolk nie. Dus, jy moet God se Woord geestelik, deur die inspirasie van die Heilige Gees vertolk.

Tweedens, moenie God se Woord gekook in water eet nie

Wat beteken "Moenie daarvan, gekook in water, eet nie"? Dit beteken dat daar nie enigiets tot God se Woord bygevoeg moet word nie, maar eet dit so suiwer soos wat dit is.

Dit is nie korrek om God se Woord te verkondig, deur dit te

vermeng met politiek, stories van die gemeenskap en spreekwoorde van heldeverering ten opsigte van historiese individue nie.

God, wie die hemele en die aarde geskep het, en die mensdom se lewe en dood beheer, seëninge en vloeke, is almagtig en het geen tekortkominge nie.

1 Korintiërs 1:25 sê, "Wat vir die wêreld die onsin van God is, is groter wysheid as die wysheid van mense, en wat vir die wêreld die swakheid van God is, is groter krag as die krag van mense." Dit is so opgeteken om jou te laat besef, dat selfs die wyste en briljantste persoon nie met God vergelyk word nie.

Jy sal gedurende jou hele lewe, nie alles wat in die Bybel staan, in jou preke kan dek nie. Dus, hoe durf jy dit waag om mense se woorde met God se Woord te vermeng, gedurende jou woordverkondiging?

Mense se woorde verander, met die verloop van tyd. Indien daar enige waarheid in die woorde steek, is dit alreeds in die Bybel, met God se wysheid gesê.

Daarom, jou eerste prioriteit moet God se suiwer Woord wees, deur die Bybel te verkondig. Natuurlik, kan jy sommige gelykenisse gebruik sodat die mense God se Woord, en die geheime van die geestelike wêreld beter kan verstaan.

Jy moet besef dat slegs God se Woord ewigdurend is, korrek en waar is, sodat dit jou na die ewige lewe kan lei. Dus, jy moet nie Sy Woord gekook in water, eet nie.

Derdens, jy moet God se Woord gebraai op die vuur eet

Wat beteken dit om dit te "braai op die vuur, tesame met die kop, bene en binnegoed"? (Eksodus 12:9). Dit beteken dat jy moet God se Woord, die vlees van die Seun van die Mens, jou geestelike voedsel as geheel maak, sonder om enigiets weg te laat.

Byvoorbeeld, sommige mense twyfel of Moses werklik die Rooi See in twee verdeel het. Party mense het nie eers probeer om Levitikus te lees nie, omdat die opofferings in die Ou Testament moeilik verstaanbaar is. Sommige ander mense sê dat die wonderwerke wat Jesus uitvoer is te goed om waar te wees, en hulle dink daardie wonderwerke kon slegs 2,000 jaar gelede plaasgevind het. Hulle het baie dinge weggelaat wat nie in die menslike gedagtes inpas nie, en probeer slegs morele lesse daaruit neem.

Hulle het nie eers omgegee om woorde soos "Wees lief vir jou vyande," of "Vermy enige vorm van sonde" omdat daardie woorde blykbaar te hard is om te gehoorsaam. Sal dit vir hulle moontlik wees om gered te word?

Daarom, jy moet nie soos die dwase mense net sekere gedeeltes wat jy wil gebruik, uit die Bybel neem nie. Jy moet al die woorde in die Bybel eet, gebraai op die vuur, vanaf Genesis tot by Die Openbaring.

Wat beteken dit dan, om God se Woord, "gebraai op die vuur," te eet? Die vuur verwys hier na die vuur van die Heilige Gees. Jy moet gevul en begeesterd wees wanneer jy God se Woord lees en daarna luister, omdat dit deur die Heilige Gees se inspirasie geskryf is. Andersins bly dit slegs kennis, en nie geestelike voedsel nie.

Om in die vermoë te wees om God se Woord gebraai op die vuur te eet, moet jy vuriglik bid. Gebede dien as olie vir die bron van die Heilige Gees se vervulling. Indien jy die Woord van God deur die inspirasie van die Heilige Gees eet, is dit soeter as heuning. Jy sal ook nooit verveeld raak gedurende 'n lang erediens nie, omdat dit so spesiaal is om na God se Woord te luister, en jy so dors soos 'n takbok op soek vir 'n waterstroom, daarna is.

Dit is hoe dit is om God se Woord gebraai op 'n vuur, te eet. Slegs op hierdie wyse sal jy God se Woord verstaan, en jou geestelike vlees en bloed maak, besef en God se wil navolg. Dit is hoe jy geboorte gee aan die gees van die Heilige Gees, groei in die geloof, en die verlore beeld van God herontdek, deur die hele doel van menswees te vind.

Alhoewel, hulle wie God se Woord met hulle eie gedagtes eet, sonder om dit op die vuur te braai, vind God se Woord vervelig, en hulle kan dit ook nie onthou nie, want hulle luister met ydele gedagtes daarna. Hulle kan geestellik groei nie, en ook nie die ewige lewe bekom nie.

Vierdens, jy moet nie God se Woord tot die môre los nie

Wat beteken dit deur te sê, "Jy sal niks daarvan tot môre los nie, maar dit wat jy laat oorstaan tot môre, moet jy in die vuur verbrand"?

Dit beteken dat jy die vlees van die Seun van die Mens, God se Woord, gedurende die nag moet eet. Die wêreld waarin jy op hierdie oomblik woon, is 'n donker wêreld wat deur die duiwel beheer word. Dit kan geestelik as nag of nagtyd uitgedruk word. Met die wederkoms van die Here sal alle duisternis verdwyn en alles sal weer herstel word; dit sal helder oggend word, die wêreld van lig.

Daarom, "moenie alles tot môre los nie" beteken dat jy moet God se Woord leer en verstaan, sodat jy jouself soos 'n bruid vir die Here se wederkoms, kan voorberei.

Ter aanvulling, of die Here se wederkoms naby is, of nie, jy leef ongeveer sewentig of tagtig jaar, en jy weet nie wanneer jy die Here gaan ontmoet nie. Totdat jy die Here ontmoet, groei jy geestelik tot die mate wat jy die vlees en bloed van die Seun van die Mens, eet en drink. Dus moet jy ywerig die Woord van God leer, om sodoende geestelik te groei.

Indien jy die Vader se geloof het, deur voortdurend geestelik te groei, sal jy die saligheid ontvang, soos die glinsterende son rondom God se troon in Sy koninkryk, omdat jy God van die begin af ken, die skepping van die nege vrugte van die Heilige Gees en die saligsprekinge, en die ooreenkoms van God se beeld het.

Drink die bloed van die Seun van die Mens

Om sodoende die lewe te behou, moet jy voedsel inneem en water drink. Indien jy geen water inneem nie kan die voedsel nie verteer nie, en jy kan doodgaan. In die buik meng die water met die voedsel, dan verteer dit. Die voedingstowwe word geabsorbeer, en die afvalstowwe word uitgeskei.

Op dieselfde wyse, indien jy die vlees van die Seun van die Mens eet, en jy nie die bloed van die Seun van die Mens drink nie, kan jy dit nie verteer nie. Daarom, jy kan die ewige lewe slegs bekom deur die vlees van die Seun van die Mens te eet, en tesame daarmee die bloed van die Seun van die Mens te drink.

"Drink die bloed van die Seun van die Mens" is om God se Woord deur die geloof, in werking te stel. Nadat jy na God se Woord geluister het, is dit baie belangrik om dienooreenkomstig op te tree, en dit is geloof. Indien jy nie nadat jy na God se Woord geluister het, optree nie, is dit sinneloos om daarna te luister.

Op dieselfde wyse waarop voedingstowwe geabsorbeer, en afvalstowwe uitgeskei word wanneer voedsel verteer, word God se Woord, die waarheid geabsorbeer en die onwaarhede uitgeskei, wanneer jy ooreenkomstig God se Woord handel, om sodoende jou sondige hart te suiwer.

Wat is die "geabsorbeerde waarheid" en "uitgeskeide onwaarheid"? Veronderstel dat jy na God se Woord, "Moenie haat nie, julle moet vir mekaar lief wees," geluister. Indien jy dit jou voedsel maak, en dienooreenkomstig optree, word die voedingstof genoem liefde, geabsorbeer, en die afvalstof genoem haat, word uitgeskei. Jou hart word dan outomaties meer rein en betroubaar, deur die vuil en sondige gedagtes uit te skei.

Handel ooreenkomstig God se Woord nadat jy daarna geluister het

Nietemin, indien jy nie ooreenkomstig God se Woord handel nie, is jy nie besig om van die Seun van die mens se bloed te drink nie. Daarom, God se Woord is slegs 'n stuk kennis in die kop en jy kan nie gered word, indien jy nie ooreenkomstig dit handel nie.

Die drink van die bloed van die Seun van die Mens, en die handelinge ooreenkomstig God se Woord, kan nie bloot deur die mens se poging plaasvind nie. Jy moet die wil hê, en 'n poging aanwend om ooreenkomstig God se Woord te handel, en daarna God se genade en krag te ontvang, asook die hulp van die Heilige Gees, deur vuriglik te bid.

Indien jy ontslae kon raak van jou sonde deur jou eie pogings, sou dit onnodig gewees het dat Jesus gekruisig was, en dat God die Heilige Gees gestuur het.

Jesus Christus was gekruisig om jou sondes te vergewe, omdat jy nie jou sondige probleem self kon oplos nie, en God het die Heilige Gees gestuur, om jou te help om jou sondige hart na 'n rein hart te verander.

Die Heilige Gees, die Gees van God, help God se kinders om in waarheid en geregtigheid te lewe. Daarom, met behulp van die Heilige Gees moet die kinders van God ooreenkomstig Sy Woord lewe, hulle van die sonde losmaak, om sodoende God se liefde en seëninge te ontvang.

4. Vergifnis Slegs deur in die Lig te Wandel

Deur te sê dat jy die vlees eet en die bloed van die Seun van die Mens drink, beteken dat jy ooreenkomstig God se Woord handel. Dus, na watter soort handelinge word verwys? Jy moet jouself in die lig gedra. Jy verlaat die duisternis en handel in die lig, wanneer jy die vlees van die Seun van die Mens eet, dit verteer, en jou hart rein en waar maak. Wanneer jy in die lig wandel, die bloed van die Here reinig jou van jou verlede, huidige en toekomstige sondes.

Selfs al het jy nog sondes wat nie vergewe is nie, en jy bely dit met jou hele hart voor God, kan dit jou vergewe word deur God se genade. Hulle wie waarlik in God glo, en probeer om geregtigheid in hulle harte ten uitvoer te bring, is nie meer sondaars nie, maar regverdige mense wie gered kan word en die ewige kan verkry.

God is lig

1 Johannes 1:5 sê dat "Dít is nou die boodskap wat ons by Hom gehoor het en aan julle verkondig: God is lig, en daar is geen duisternis in Hom nie."

Die apostel Johannes, wie 1 Johannes geskryf het, was direk deur Jesus, wie na hierdie wêreld gekom het, en die lig en die weg na God geword het, onderrig.

Dus, in Johannes 1:4-5 word van Jesus gesê, "In Hom was daar lewe, en dié lewe was die lig vir die mense. Die lig skyn in die duisternis, die duisternis kon dit nie uitdoof nie." Jesus het Homself verklaar, "Ek is weg en die waarheid en die lewe. Niemand kom na die Vader toe behalwe deur My nie" (Johannes 14:6).

Daarom, die dissipels van Jesus kan van die feit, dat "God is lig" deur Jesus, getuig, en die boodskap wat hulle aan jou verklaar is, "God is lig."

Geestelik beteken Lig die Waarheid

Wat dan is die "lig"? Geestelik beteken lig waarheid, en waarheid is die teenoorgestelde van duisternis.

God vertel vir ons in Efesiërs 5:8, "Vroeër was julle die ene duisternis, maar nou in die Here is julle lig."Diegene wie na die boodskap dat "God is Lig" geluister het, en die waarheid van God geleer het, kan skyn en die wêreld verlig, op die wyse wat lig duisternis verdryf.

Die kinders van lig wie ooreenkomstig die waarheid optree, sal vrugte van die Lig dra. Dit is waarom daar in Efesiërs 5:9 staan, "Uit die lig kom alles voort wat goed en reg en waar is." Die geestelike liefde soos beskryf in 1 Korintiërs 13 en die vrugte van die Heilige Gees soos liefde, vreugde, vrede, geduld, vriendelikheid, goedheid, getrouheid, saggeaardheid en selfbeheersing is die vrugte van die Lig.

Daarom, lig verwys na alle woorde van die waarheid soos goedheid, geregtigheid en liefde soos, "wees lief vir mekaar, bid, heilig die Sabbat, onderhou die Tien Gebooie" waarvan God vir ons in die Bybel van vertel.

Geestelik beteken Duisternis sonde

Duisternis verwys na 'n toestand waar daar geen lig is nie, en geestelik beteken dit sonde.

Alle onwaarhede wat die teenoorgestelde van waarhede is, is sulke dinge soos opgeteken in Romeine 1:28-29, "En omdat hulle dit van geen belang ag om God te ken nie, gee Hy hulle oor aan hulle verdraaide opvattings, sodat hulle doen wat onbetaamlik is. Hulle is een en al ongeregtigheid, slegtheid, hebsug en gemeenheid; hulle is vol jaloesie, moord, twis, bedrog en kwaadwilligheid."Al hierdie dinge is duisternis.

Die Bybel vertel ons om ontslae te raak van al die dinge wat tot die duisternis behoort soos, steel, moord, owerspel en enige vorm van sonde.

Aan die eenkant, sommige mense sê dat hulle kinders van God is, alhoewel hulle ongehoorsaam teenoor God is, wanneer Hy vir hulle vra om sekere dinge te doen, en ander dinge te verwerp. Hierdie duisternis word deur die vyandige duiwel en Satan beheer, en dit behoort aan hierdie wêreld, dus kan dit nooit deelvorm van die lig nie. Dit is waarom hulle wie in die duisternis handel, die lig haat, en weg van dit lewe.

Aan die anderkant, die ware kinders van God, wie die lig is en in wie daar geen duisternis is nie, moet wegdoen met die duisternis en in die lig handel. Slegs dan, kan jy met God kommunikeer en alles sal in jou lewe reg verloop.

Bewys van 'n kameraadskap met God

Gewoonlik sal daar 'n noue kameraadskap gebaseer op liefde,

tussen ouers en hul kinders bestaan. Op dieselfde wyse, is dit vir jou opvallend-wie in Jesus Christus glo-om 'n kameraadskap met die God wie die Vader van jou gees is, te hê (1 Johannes 1:3).

Kameraadskap beteken hier nie alleen dat die een die ander een ken nie, maar beide van hulle ken mekaar baie goed. Jy kan byvoorbeeld nie sê dat jy en die President 'n kameraadskap het, bloot omdat jy baie van hom weet nie. Dit is dieselfde met jou en God se kameraadskap. Om 'n ware kameraadskap met God te hê, moet jy Hom so goed ken, soos wat Hy jou ken en erken.

1 Johannes 1:6-7 sê, "As ons beweer dat ons aan Hom deel het, en ons lewe in die duisternis, lieg ons en handel ons nie volgens die waarheid nie. Maar as ons in die lig lewe soos Hy in die lig is, het ons met mekaar deel aan dieselfde gemeenskap en reinig die bloed van Jesus, sy Seun, ons van elke sonde."

Dit beteken dat jy 'n kameraadskap met God het, slegs wanneer jy van jou sondes ontslae raak, en in die lig lewe. Indien jy sê dat jy 'n kameraadskap met God het, terwyl jy steeds in die duisternis handel en lewe, is dit 'n leuen.

Deur 'n kameraadskap met God te hê, beteken om 'n geestelike en ware kameraadskap te hê, nie om 'n ongoddelike kameraadskap te hê, deur Hom slegs deur middel van kennis in jou kop te ken nie. Jy jouself moet die lig wees, om sodoende 'n kameraadskap met God te hê, omdat Hy lig is. Die Heilige Gees, die hart van God, leer jou duidelik die wil van God, tot so 'n mate dat jy in die waarheid lewe, en jy op 'n dieper vlak met God kan kommunikeer, wanneer jy God se Woord lees en bid.

Indien jy in die duisternis lewe

Jy vertel 'n leuen indien jy daarop aanspraak maak dat jy 'n kameraadskap met God het, maar in die duisternis lewe en voortgaan om sonde te doen. Dit is nie 'n manier om in die waarheid te lewe nie, en jy sal sekerlik op die weg van die dood beweeg.

In 1 Samuel 2, staan dat die seuns van Eli, die priester, sondig gelewe het, en sonde gepleeg het. Hy moes hulle eintlik gestraf het, maar Eli het hulle slegs gewaarsku, "Waarom doen julle sulke dinge dat ek aanhoudend by die hele volk moet hoor van julle slegte dade?" (v. 23)

Aan die einde het God se geduld met hulle opgeraak. Twee van Eli, die priester, se seuns het in 'n veldslag gesterf. Met die nuus het Eli agteroor van sy stoel, teen die kant van die hek geval. Sy nek het gebreek en hy het ook gesterf. God se toorn het ook oor sy afstammelinge gekom (1 Samuel 2:27-36, 4:11-22).

Daarom, soos wat in Efesiërs 5:11-13 staan, "En moenie meedoen aan die vrugtelose praktyke van die duiisternis nie, maar stel dit eerder aan die kaak. Dit is 'n skande om selfs te praat oor die dinge wat die ongehoorsame mense in die geheim doen. Maar alles word aan die kaak gestel wanneer die lig daarop val."

Indien daar iemand is wat daarop aanspraak maak dat hy 'n kameraadskap met God het, maar nie in die lig lewe nie, moet jy hom met liefde teregwys. Indien hy dan nog steeds nie in die lig lewe nie, moet jy hom berispe en na die lig lei, sodat hy nie die weg van die verdoemenis bewandel nie.

Vergifnis deur in die lig te lewe

Daar is wette in hierdie wêreld en wanneer iemand dit oortree, sal hy gestraf word ooreenkomstig die mate van die handeling. Nogtans sal hy steeds in sy gedagtes skuldig voel, aangesien die skade reeds aangerig is, al word hy daarvoor gestraf en betaal hy vir sy verkeerde optrede.

Eweneens, sal jy steeds die sondige natuur in jou hart hê, al neem jy Jesus Christus aan en bely jou sondes, en word jy regverdig verklaar. Daarom, God beveel jou om jou hart te reinig, sodat jy sefs nie meer in jou gedagtes skuldig voel nie.

Soos wat dit in Jeremia 4:4 sê, "Wy julle aan die diens van die Here, en verwyder alle ontrou uit julle harte, mense van Juda, inwoners van Jerusalem, sodat my toorn oor julle bose dade nie losbreek soos 'n vuur en bly brand sonder dat dit geblus word nie." Toewyding van die hart beteken om die vel rondom die hart te verwyder.

Verwydering van jou hart se vel beteken om te volg wat God

in die Bybel sê soos, "Doen," "Moenie doen nie," "Hou dit," of "Verwerpings." Met ander woorde, dit beteken om alles te verdryf wat teen God se Woord is soos: onwaarhede, sonde, ongeregtigheid, wetteloosheid en duisternis en daardeur jou hart te reinig en dit met die waarheid te vul.

Daarom, jy moet ywerig God se Woord jou voedsel maak, absorbeer die voedingswaarde deur dienooreenkomstig op te tree, en skei die afvalstowwe van sonde en onwaarhede uit, wat tot die duisternis behoort. Wanneer jy jou hart reinig, kan jy geestelik groei.

Wanneer jy 'n geestelike en 'n geloofwaardige mens word, die sonde en slegte dinge as afval verwerp, dan het jy met God 'n kameraadskap. Dan kan die bloed van God jou reinig van die sonde, sedert jy hierdie kameraadskap het.

Daarom, jy moet nie alleen Jesus Christus aanneem en regverdig verklaar word nie, maar jy moet in 'n ware regverdige mens verklaar word, deur die mens se vlees te eet, die bloed van die Seun van die Mens te eet, en jou hart te reinig.

5. Geloof met Dade is Ware Geloof

Tot jou verbasing, daar is baie mense wie nie waarlik die betekenis van geloof verstaan nie. Sommiges sê, "Waarom gaan jy nie net kerk toe nie? Jy kan nog gered word."

Indien jy na God se Woord luister en dit ken, maar nie ooreenkomstig dit handel nie, is dit slegs 'n vorm kennis in jou kop, maar nie die ware geloof nie. Op hierdie wyse kan jy nie gered word nie. Wat is die geloof wat God erken? Hoe kan jy deur geloof gered word?

Ware belying vereis verwerping van sondes

1 Johannes 1:8-9 sê dat "As ons beweer dat ons nie sonde het nie, bedrieg ons onsself en is die waarheid nie in ons nie. Maar as ons ons sondes bely-Hy is getrou en regverdig, Hy vergewe ons ons sondes en reinig ons van alle ongeregtighede."

Wat dan, is dit om jou sondes te bely?

Laat ons veronderstel God vertel vir jou, "Om na die Ooste te gaan is die manier om die ewige lewe en My wil te bekom, so beweeg ooswaarts." Nieteenstaande, indien jy voortgaan om weswaarts te gaan en sê, "God, ek was veronderstel om ooswaarts te gaan, maar ek gaan weswaarts, vergewe my," is nie 'n belydenis nie. Dit is nie om in God te glo, of Hom te vrees nie, maar eerder om Hom uit te tart. Ware belyding word nie alleen deur lippetaal gedoen nie, maar om ook deur jou handelinge, van sondes weg te beweeg. Slegs dan sal God dit as 'n belydenis ontvang, en die vergifnis daarvoor voorsien.

Dit is 'n feit dat jy sal doodgaan, indien jy geen voedsel inneem nie, alhoewel jy weet dat jy moet eet om aan die lewe te bly. Net so sal jy ook nie deur die Here se bloed gereinig word, indien jy jou sondes met jou lippe bely, maar nie van dit wegdraai nie.

Geloof sonder dade is dooie geloof

In Jakobus 2:22 word gesê, "Jy sien dus dat sy geloof met dade gepaard gegaan het en dat dit eers deur dade volkome geword het." Vers 26 sê verder, "'n Liggaam wat nie asemhaal nie, is dood. So is die geloof wat nie tot dade kom nie, ook dood."

Baie mense gaan kerk toe, omdat hulle gehoor het dat daar 'n hemel en 'n hel bestaan. Nogtans, omdat hulle nie regtig in hulle harte hierdie feit glo nie, vergesel dade dit nie.

Dit is slegs geloofskennis en dooie geloof.

Verder, indien jy met jou lippe bely dat jy glo, maar steeds in sonde lewe, hoe kan jy sê dat jy gelowig is? Die Bybel vertel vir jou dat sonde wat met kennis gepleeg word, erger is as om te sondig deur onkunde.

Wanneer jy bely, "Ek glo" sonder dade, mag jy dalk dink dat jy gelowig is, maar God erken dit nie as ware geloof nie.

Die Israeliete wie uit Egipte gekom het, het baie van God se werke ervaar. God het die Rooi See verdeel, en vir hulle manna en kwartels gegee om te eet, en hulle daagliks teen die son met 'n wolk beskerm, en snags lig met 'n vuurbal voorsien.

Nogtans, toe God hulle beveel het om op die land Kanaän te

spioneer, het slegs Joshua en Kaleb in God se Woord en krag geglo. As gevolg daarvan, het daardie Israeliete, wie nie aan God gehoorsaam was nie, en se geloof nie sterk genoeg was om Kanaän binne te gaan nie, vir veertig jaar in die woestyn rond geswerwe en uiteindelik daar gesterwe.

Jy moet besef dat dit nutteloos is, indien jy nie glo of ooreenkomstig God se Woord optree, terwyl jy so baie wonderwerke van God ervaar het nie. Geloof word deur dade voltooi.

Slegs hulle wie die wet gehoorsaam, word regverdig verklaar

God vertel vir ons in Romeine 2:13 dat, "Nie dié wat die wet hoor, word deur God vrygespreek nie, maar dié wat doen wat die wet sê, sal vrygespreek word."

Jy word nie regverdig verklaar deur slegs die eredienste by te woon, en na die boodskappe te luister nie. Jy word regverdig verklaar, slegs wanneer jou ontroue hart in 'n ware hart verander, deur ooreenkomstig God se Woord op te tree.

Sommiges sê dat jy gered kan word deur slegs Jesus Christus, "Here," met jou lippe te noem, en Romeine 10:13 daardeur mis te verstaan, "Want elkeen wat die Naam van die Here aanroep, sal gered word." Dit is egter totaal verkeerd. Soos dit in Jesaja 34:16 sê, "Kyk gerus in die boek van die Here en lees: nie een van dié diere sal daar ontbreek nie, nie een sal sonder 'n wyfie wees nie. Die Here het die bevel gegee en sy Gees laat hulle daar bymekaarkom." God se Woord het die maat en kom tot sy reg wanneer dit met die maat vertolk word.

Romeine 10:9-10 sê, "As jy met jou mond bely dat Jesus die Here is, en met jou hart glo dat God Hom uit die dood opgewek het, sal jy gered word. Met die hart glo ons, en ons word vrygespreek; en met die mond bely ons, en ons word gered."

Slegs diegene wie waarlik in hulle harte glo dat Jesus opgestaan het, kan met hulle monde bely, omdat hulle ooreenkomstig God se Woord lewe. Hulle sal gered word wanneer hulle met ware geloof bely, en al meer regverdig word. Maar hulle wie nie in die geloof bely nie, kan nie gered word nie.

Dit is waarom Jesus in Matteus 13:49-50 sê, "So sal dit by die voleinding van die wêreld wees. Die engele sal uitgaan en die slegtes skei van die goeies en hulle in die brandende oond gooi. Daar sal hulle huil en op hulle tande kners."

Hier verwys die "regverdiges" na almal wie God erken, en daarop aanspraak maak dat hulle gelowig is. "Skeiding van die sondiges van die regverdiges" beteken dat hulle wie nie ooreenkomstig God se Woord lewe nie, kan nie gered word nie, selfs al woon hulle eredienste by, en sal hulle Christelike lewens lei.

God vereis regtig die reiniging van die hart

God wil Sy kinders heilig en volmaak hê. Dit is waarom Hy vir ons in 1 Petrus 1:15 vertel, "Nee, soos Hy wat julle geroep het, heilig is, moet julle ook in julle hele lewenswandel heilig wees" en in Matteus 5:48, "Wees julle dan volmaak soos julle hemelse Vader volmaak is."

Gedurende die Ou Testamentiese tye was mense gered deur dade wat nog moes plaasvind, maar gedurende die Nuwe Testamentiese tye toe Jesus Christus die wet met liefde ten uitvoer gebring het, word jy deur geloof gered.

"Om deur dade van die Wet gered te word" beteken dat selfs al het jy byvoorbeeld, 'n onrein hart om te moor, te haat, of owerspel te pleeg, leuens te vertel ensovoorts word dit nie as sondes gereken nie, tensy dit ten uitvoer gebring word.

God het nie mense veroordeel, tensy hulle sondige dade gepleeg het, omdat hulle nie self hulle sondes kan verwerp, sonder die Heilige Gees, gedurende die Ou Testamentiese tye nie. Nietemin, gedurende die Nuwe Testamentiese tye, is jy gered slegs wanneer jy jou hart reinig, deur die geloof met die hulp van die Heilige Gees, nadat die Heilige Gees in jou gekom het. Die Heilige Gees maak jou bewus van die verskil tussen sonde en geregtigheid asook oordeel, en stel jou in staat om volgens God se Woord te lewe. Daarom kan jy wegdoen met onwaarhede en jou hart reinig, met die Heilige Gees se hulp.

Jy moet besef dat God regtig vra dat jy jou hart moet reinig, ontslae raak van jou sondes, heilig wees, en deelneem aan die verruklike natuur. Die apostel Paulus ken God se wil en het die mensdom van die besnedenheid van die hart geleer, nie van die vlees nie (Romeine 2:28-29). Hy adviseer jou om weerstand te bied in jou stryd teen die sonde, tot by die vlak waar jy bloed stort met jou oë gevestig op Jesus, die Begin en Voleinder van jou geloof (Hebreërs 12:1-4).

Ek vertrou dat jy ware geloof het, gepaardgaande met dade en besef dat jy nie die hemel kan betree, deur net uit te roep, "Here, Here," nie, maar om slegs in die lig te lewe en jou hart te reinig.

Hoofstuk 9

OM DEUR WATER EN DIE GEES GEBORE TE WORD

1. Nikodemus kom na Jesus
2. Jesus help Nikodemus om Geestelik te verstaan
3. Wanneer deur Water en die Gees gebore
4. Drie Getuies: die Gees, die Water en die Bloed

"Daar was 'n man met die naam Nikodemus. Hy het aan die party van die Fariseërs behoort en was 'n lid van die Joodse Raad. Een nag het hy na Jesus toe gekom en vir Hom gesê: "Rabbi, ons weet dat u 'n leermeester is wat van God af gekom het, want niemand kan hierdie wondertekens doen wat u doen, as God nie by hom is nie." Daarop sê Jesus vir hom: Dit verseker Ek jou: As iemand nie opnuut gebore word nie, kan hy die koninkryk van God nie sien nie." Nikodemus vra Hom toe: "Hoe kan 'n mens gebore word as hy al 'n ou man is? Hy kan tog nie 'n tweede keer in sy moeder se skoot kom en gebore word nie?" Jesus het geantwoord: "Dit verseker Ek jou: As iemand nie uit water en Gees gebore word nie, kan hy nie in die koninkryk van God kom nie."

Johannes 3:1-5

God het vir Jesus Christus gestuur, Sy enigste Seun, en daardeur die weg na die saligheid gebaan. Wie ookal Hom aanneem, ontvang die reg om 'n kind van God te word en 'n geseënde en ewige lewe, vir nou en altyd te geniet. Nogtans, deesdae sien jy baie mense wie nie die versekering van die saligheid het nie, alhoewel hulle Jesus Christus aangeneem het. Verdermeer, sommige mense maak daarop aanspraak dat hulle die saligheid bekom het, kom die geloof kort om gered te word. Ander beweer weer dat hulle gered is, omdat hulle een keer die Heilige Gees ontvang het, maar hulle gee nie om wat hulle daarna gedoen het nie.

Om by die slotgedeelte van die boodskap van die kruis te kom, laat ons duidelikheid kry, hoe om die volmaakte saligheid te verkry, vanaf die oomblik wat jy Jesus Christus aanneem, aan die hand van Nikodemus se verhaal.

1. Nikodemus kom na Jesus

In Jesus se tyd het die Fariseërs 'n hoë agting vir Moses se wet gehad, en het aan die ouer persone se tradisies vasgeklou. Hulle was godsdienstige leiers tussen die uitverkore Israeliete wie in God se oppermagtige, die opwekking, engele, die finale oordeel en dat die Messias sal kom, glo.

Jesus het hulle herhaaldelik berispe deur te sê, "Jammerlik vir julle Fariseërs." Hulle skynheiliges, verskyn voor die mense as heilig van buite, maar binne is hulle vol hebsug en onmatigheid, soos witgeverfde grafte (Matteus 23:25-36).

Nikodemus het 'n goeie hart gehad

Nikodemus was een van die Joodse Raad, genaamd Sanhedrin, se Fariseërs. Hy was egter nie soos ander Fariseërs daarop ingestel, om Jesus te vervolg nie. Inteendeel, hy het geglo dat Jesus deur God gestuur was, nadat hy die wonders en tekens gesien het, wat deur Jesus uitgevoer was. Nikodemus wou weet wie Jesus was, omdat hy so goedhartig was.

In Johannes 7:51 het Nikodemus vir die Fariseërs gevra wie van hulle vir Jesus wou vervolg, deur Hom te verdedig, "Volgens ons wet kan ons mos nie sommer iemand veroordeel sonder om eers sy kant van die saak te hoor en vas te stel wat hy doen nie?"

Dit kon maklik gewees het om op daardie tydstip, en manier as 'n lid van die Sanhedrin so sterk standpunt in te neem nie. Selfs nou, indien 'n regering Christenskap deur wetgewing in ballingskap plaas, of ontmoedig, kan amptelike amptenare nie in die pad van Christenskap staan nie. Eweneens, op daardie stadium het die Israeliete alle ander gelowe as aanvaarbaar geag, behalwe die Jodedom wat hulle as vals beskou het. Nikodemus het geweet dat hy dalk deur die Fariseërs verban kon word, omdat hy hom aan Jesus se kant skaar.

Nieteenstaande dit, het Nikodemus vir Jesus verdedig. Dit bewys dat hy betroubaar was, en ferm opgetree het deur in Jesus te glo.

Johannes 19:39-40 skets vir ons 'n toneel kort na Jesus se dood aan die kruis:

Nikodemus, wat 'n keer in die nag na Jesus toe gekom het, het ook gekom en 'n mengsel van omtrent vyftig liter mirre en aalwyn gebring. Hulle het die liggaam van Jesus geneem en dit met die geurolie behandel en in doeke toegedraai, soos dit die gebruik van die Jode was om iemand vir die begrafnis uit te lê.

Daarom het Nikodemus geglo dat Jesus 'n man van God was, en Jesus onvoorwaardelik gedien, selfs na Sy kruisiging en het die saligheid met geloof verkry, met Sy opstanding uit die dood.

Nikodemus kom na Jesus toe

In Johannes 3, is daar 'n tweegesprek tussen Jesus en Nikodemus, alvorens hy die waarheid van die gees verstaan het.

Vers 2 lees, "Een nag het hy na Jesus toe gekom en vir Hom gesê: 'Rabbi, ons weet dat u 'n leermeester is wat van God af gekom het, want niemand kan hierdie wondertekens doen wat u doen, as God nie by hom is nie.'" (v. 2.)

Eerstens het Nikodemus nie geweet dat Jesus die Messias, en

Seun van God was nie. Nogtans, nadat hy Jesus se wonderwerke aanskou het, het Nikodemus besef en erken dat Jesus 'n man van God is, omdat hy 'n goeie verstand het. Deur sy goeie verstand het hy geweet dat dit slegs die Almagtige God is wie dooies kon opwek, blindes weer kan laat sien, die kreupeles laat loop en die melaatses kon genees.

Dus, waarom het hy vir Jesus in die nag besoek? Hy was soos daardie mense wie nie die kerk openlik wou besoek nie, omdat hulle nie genoegsame vertroue in God die Skepper gehad het nie.

Alhoewel Nikodemus 'n baie goedhartige mens was, het hy nie ware geloof gehad nie. Hy het nie vertroue in Jesus as die Seun van God en die Messias gehad nie, dit is waarom hy nie vir Jesus openlik gedurende die dag besoek het nie, maar eerder in die nag gegaan het.

2. Jesus help vir Nikodemus om Geestelik te verstaan

Vers 3 lees, "Daarop sê Jesus vir hom: 'Dít verseker Ek jou: As iemand nie opnuut gebore word nie, kan hy die koninkryk van God nie sien nie.'"

Nikodemus kon dit geensins verstaan nie. Toe vra hy weer, "Hoe kan 'n mens wanneer hy al oud is, weer gebore word?" Hy het nie geestelike geloof gehad nie, dus het hy gewonder, "'n Ou man sterf en keer terug na stof, hoe kan hy dan weer gebore word?"

Daarna het Jesus hom vertel omtrent die feit om uit water en Gees gebore te word: "Dit verseker Ek jou: As iemand nie uit water en Gees gebore word nie, kan hy nie in die koninkryk van God kom nie. Wat uit die mens gebore is, is mens; en wat uit die Gees gebore is, is gees" (verse 5-6).

Toe Nikodemus nuuskierig was oor wat Jesus gesê het, het Jesus dit by wyse van 'n gelykenis verduidelik: "Die wind waai waar hy wil. Jy hoor sy geluid, maar jy weet nie waar hy vandaan kom en waar hy heen gaan nie. So gebeur dit met elkeen wat uit die Gees gebore is." (v.8)

Nadat Adam ongehoorsaam was, het elke mens se gees gesterfen almal daarna was bestem om te sterf. Nogtans, 'n mens se gees herlewe, nadat jy weer deur die Helige Gees gebore is. Soos wat hy geestelik word, herstel hy God se beeld en word gered. Nikodemus vra Hom toe: "Maar hoe is dit moontlik?" (v.9).

Jesus antwoord hom:

Ek het julle van die aardse dinge vertel en julle glo dit nie, hoe sal julle glo as Ek vir julle van die hemelse vertel? Niemand op die aarde was al in die hemel nie behalwe Hy wat uit die hemel gekom het, naamlik die Seun van die mens. Moses het die slang in die woestyn hoog op 'n paal gesit; so moet die Seun van die mens verhoog word, sodat elkeen wat in Hom glo, die ewige lewe kan hê (verse 12-15).

In Numeri 21:4-9, het die Israeliete wie uit Egipte uitglei was, teen Moses begin ongeduldig raak, omdat hulle vertrek na Kanaan toenemend moeiliker begin word het om te hanteer. Daarna het God Sy gesig weggedraai en giftige slange gestuur, om die mense te pik.

Soos wat hulle uitgeroep het vir hulp, het God vir Moses gesê om 'n brons slang te maak en dit op 'n paal te plaas. God het diegene gered, wie ookal na dit gekyk het, maar hardnekkige persone het gesterf, omdat hulle nie 'n poging aangewend het, om in ongeloof daarna te kyk nie.

Om die Woord van God Geestelik te verstaan

Waarom het God 'n bevel gegee om 'n brons slang te maak, en dit op 'n paal te plaas? Vanaf Genesis 3:14 weet ons dat die slang vervloek was. Ter byvoeging, Galasiërs 3:13 sê, "Christus het ons losgekoop van die vloek wat die wet meebring, deur in ons plek 'n vervloekte te word. Daar staan naamlik geskrywe: 'Vervloek is elkeen wat aan 'n hout opgehang is.'"

Daarom, deur 'n brons slang op 'n paal te plaas, simboliseer dat Jesus soos 'n vervloekte slang aan 'n houtkruis vasgemaak sou word, om jou te verlos.Verder, net soos wat enigiemand wie na die slang gekyk het, bly lewe het, net so wie ookal in Jesus Christus glo, word gered.

Nikodemus kon nie die betekenis van God se Woord verstaan nie, omdat hy nie weer deur water en Gees gebore was nie, en sy geestelike oë was nog nie geopen nie.

Selfs vandag nog, tensy jy weer deur water en Gees gebore word en jou geestelike oë geopen word, kan jy nie die betekenis van 'n geestelike boodskap verstaan nie, omdat jy dit letterlik mag vertolk en dit misverstaan.

Jy moet vuriglik bid om sodoende die geestelike betekenis van God se Woord, deur die inspirasie van die Heilige Gees te verstaan. Dan sal die God van genade jou hart open, sodat jy God se Woord kan verstaan, en ware geloof kan bekom.

3. Wanneer deur Water en Gees gebore

Jesus het vir Nikodemus tydens sy besoek gesê, "Dit verseker Ek jou: As iemand nie uit water en Gees gebore word nie, kan hy nie in die koninkryk van God kom nie. Wat uit die mens gebore is, is mens; en wat uit die Gees gebore is, is gees" (Johannes 3:5-6).

Laat ons duidelik die betekenis van, om deur water en Gees

gebore te word, verstaan. Hoe kan jy weer gebore word deur water en Gees en saligheid verkry?

Water simboliseer die water van die ewige lewe

Water les jou dors, en help die organe van die liggaam om beter te funksioneer. Dit help ook om die liggaam aan die binne, sowel as die buitekant te reinig.

Jesus vergelyk dus die water van die ewige lewe met water wat jou liggaam skoonmaak, en lewe voortbring.

Jesus sê vir ons in Johannes 4:14, "Maar wie van die water gedrink het wat Ek hom sal gee, sal in alle ewigheid nooit dors kry nie. Nee, die water wat Ek hom sal gee, sal in hom 'n fontein wees met water wat opborrel en vir hom die ewige lewe gee."

Indien jy water drink, sal jy vir 'n tydelike periode nie dors wees nie, maar jy sal uiteindelik weer dors word. Water in hierdie skrifgedeelte beteken ewige water. Wie ookal die water drink wat Jesus gee, sal nooit weer dors wees nie. Naamlik, "'n fontein water wat opborrel lei tot die ewige lewe " dit gee vir jou lewe.

Johannes 6:54-55 lees, "Wie my liggaam eet en my bloed drink, het die ewige lewe, en Ek sal hom op die laaste dag uit die dood laat opstaan. My liggaam is die ware voedsel, en my bloed is die ware drank." Dus, Jesus se vlees en Sy bloed is die ewige water.

Verder, Sy "vlees" verwys na die Woord van die Bybel, omdat Jesus die Woord is wie na hierdie wêreld in vlees gekom het. Die eet van Sy vlees verwys na die onderhouding van Sy Woord in jou gedagtes, deur om die Bybel voortdurend te lees.

Die bloed van Jesus is lewe, en die lewe is die waarheid. Die waarheid is Christus, en Christus is die krag van God. Al hierdie is die bloed van Jesus. Nadat die krag van God in die geloof kom, beteken die drink van Jesus se bloed, om Sy Woord in die geloof te gehoorsaam.

Jy het geleer dat die water Jesus se vlees geestelik simboliseer—dit is die Woord van God, en die Lam van God. Op dieselfde wyse wat water jou liggaam skoonmaak, was God se Woord alle vuil gedagtes en dinge uit jou hart uit.

Dit is waarom jy in die kerk met water gedoop word. Die heilige doop simboliseer dat jy 'n kind van God is, en dat jy van al jou sondes vergewe is. Verder, beteken dit dat jy daagliks met God se Woord moet omgaan, en daardeur gereinig moet word.

Weer gebore deur water

Hoe kan jy dan jou hart reinig deur die Woord van God, wat die ewige water is?

Daar is vier soorte opdragte wat God vir ons gee: "Doen dit," "Moenie dit doen nie," "Hou dit" en "Verwerp dit." Byvoorbeeld, God beveel jou om nie dinge te doen soos afguns, haat, veroordeling, steel, owerspel en moord nie.

Op dieselfde manier moet jy nie doen wat ongeoorloof is nie, en terselfdertyd moet jy alle soorte sondes verwerp. Jy moet die Sabbatdag heilig, die evangelie verkondig, bid en mekaar liefhê. Jou hart sal dan geleidelik met die hulp van die Heilige Gees met waarheid gevul word, terwyl die Woord van God alle ongeregtigheid of sondes sal wegwas. Op hierdie wyse sal jou hart gereinig word, en in die waarheid verander, deur ooreenkomstig die Woord van God te handel. Dit is "om deur water gebore te word."

Daarom, om volle saligheid te bekom, moet jy nie alleen net God aanneem nie, maar ook jou hart reinig deur elke oomblik van jou lewe, aan God se Woord gehoorsaam te wees.

Weer deur die Gees gebore

Om die saligheid te verkry, moet jy deur water en Gees gebore word. Hoe kan jy deur die Gees gebore word? In Handelinge 19:2, vra die apostel Paulus vir van die dissipels, "Het julle die Heilige Gees ontvang toe julle gelowig geword het?" Wie is veronderstel om die Heilige Gees te ontvang?

Die eerste mens, Adam het uit "gees," "siel," en "liggaam" bestaan (1 Tessalonisense 5:23), maar sy gees het gesterf nadat hy ongehoorsaam was. Daarna het hy 'n skepsel geword, wat nie beter as 'n dier is nie, en uit siel en liggaam bestaan (Prediker

3:18).

Indien jy jou sondes bely, en aanvaar dat jy 'n sondaar is, dan gee God vir jou die Heilige Gees as 'n geskenk en 'n teken, dat jy Sy kind is (Handelinge 2: 38).

Enige kind van God, wie die Heilige Gees ontvang, het die vermoeë om tussen goed en kwaad deur God se Woord te onderskei en daarvolgens te lewe, deur die krag en sterkte wat van die hemel afkomstig is, deur vurige en voortdurende gebed.

Op hierdie wyse verander jy in die waarheid en verkry jy geestelike geloof, tot die vlak dat jy deur die Heilige Gees uiting van die gees gee. In Johannes 3:6 staan geskrywe, "Wat uit die mens gebore is, is mens; en wat uit die Gees gebore is, is gees," en Johannes 6:63 merk op, "Dit is die Gees wat iemand lewend maak; die mens self kan dit nie doen nie. Wat Ek vir julle gesê het, kom van die Gees en gee lewe."

Word 'n mens van gees en volg die Heilige Gees

Wanneer jy met water en die Heilige Gees bebore word, kan jy burgerskap in die hemel bekom (Filippense 3:20). As God se kind woon jy eredienste by, loof Hom met vreugde en strewe daarna om in die lig te lewe.

Voordat jy die Heilige Gees ontvang het, het jy in die duisternis gelewe, omdat jy nie die waarheid geken het nie. Nietemin, nadat jy die Heilige Gees ontvang het, het jy probeer om in die lig te lewe.

Na die verloop van tyd, vind jy dat terwyl jy vreugde in jou hart beleef, is jy voortdurend besig om 'n stryd binne jouself te stry. Dit is omdat die wet van die Gees wat die begeertes van Heilige Gees navolg, 'n stryd voer met die sondige natuur wat die luste van die vlees, die luste van die oë en die spoggerige lewe nagevolg het (1 Johannes 2:16).

Die apostel Paulus praat omtrent die stryd: "Diep in my wese vind ek vreugde in die wet van God, maar ek vind in my doen en late 'n ander wet, wat stryd voer teen die wet van my gees. Dit maak my 'n gevangene van die wet van die sonde wat in my doen en late aan die werk is. Ek ellendige mens! Wie sal my van hierdie doodsbestaan verlos?" (Romeine 7:22-24)

Wanneer jy met water en Gees gebore is, het jy so pas 'n kind van God geword. Dit beteken nie dat jy 'n geestelike, volmaakte persoon is nie.

Dit is wat Galasiërs 5:16-17 vir ons vertel, "Wat ek bedoel, is dít: Laat julle lewe steeds deur die Gees van God beheers word, dan sal julle nooit swig voor begeertes van julle sondige natuur nie. Wat ons sondige natuur begeer, is in stryd met wat die Gees wil, en wat die Gees wil, is in stryd met wat ons sondige natuur begeer. Hierdie twee staan lynreg teenoor mekaar, en daarom kan julle nie doen wat julle graag wil nie."

Gevolglik om die Heilige Gees na te volg, moet jy

ooreenkomstig die Woord van God lewe, en Sy wil uitvoer en God verheerlik. Dus, indien jy die begeertes van die Gees volg, sal jy nie versoek word nie, maar in staat wees om die vyandige duiwel en Satan te verwoes, wie jou versoek om die begeertes van die sondige natuur te volg. Jy kan in die waarheid lewe en jouself aan God se koninkryk, en Sy geregtigheid toewy.

Wanneer jy die begeertes van die Heilige Gees navolg, is jy vol vreugde en vrede. Nietemin sal jy veragtelik en belas wees, indien jy die begeertes van die sondige natuur volg.

Soos wat jou geloof groei, kan jy al jou sondes verwerp en die begeertes van die Heilige Gees op verskeie maniere navolg. Die sondige begeertes binne jou sal verdwyn. Buitendien, jy hoef nie meer te sukkel om jou sondes te verwerp, en ellendig te voel nie. Jy kan altyd vrolik onder alle omstandighede wees.

God is gelukkig met hulle wie volgens die Gees se begeertes lewe. Hy gee vir hulle hul hartsbegeertes, soos wat Hy vir ons in Psalm 37:4 belowe, "Vind jou vreugde in die Here, en Hy sal jou gee wat jou hart begeer."

Indien jy jou hart verander na 'n hart vol waarhede, sal God baie gelukkig met jou wees en alles vir jou moontlik maak. Ek vertrou dat jy met water en Gees gebore sal word, en ooreenkomstig die Gees se begeertes sal lewe.

4. Drie Getuies: die Gees, die Water en die Bloed

Soos wat ek alreeds verduidelik het, moet jy met water en Gees gebore word, om gered te word. Nietemin, om volkome saligheid te verkry moet jy van jou sondes deur die bloed van Jesus gesuiwer word, deur in die lig te lewe.

Jy sal steeds sondes hê, indien jou hart nie gesuiwer is nie. Daarom benodig jy die bloed van Jesus om van die oorblywende sondes gesuiwer te word.

Omtrent dit vertel 1 Johannes 5:5-8 ons die volgende:

Wie anders is dit wat die wêreld oorwin as hy wat glo dat Jesus die Seun van God is? Die Een wat deur die water van sy dood na ons toe gekom het, is Jesus Christus; nie net deur die water nie, maar deur die water en die bloed. Die Gees is die getuie daarvan, en die Gees is die waarheid. Daar is dus drie wat getuig: die Gees en die water en die bloed, en die drie se getuienis stem ooreen.

Jesus kom deur Water enBloed

Johannes 1:1 lees:"Die Woord was God" en Johannes 1:14, "Die Woord het mens geword en onder ons kom woon. Ons het sy heerlikheid gesien, die heerlikheid wat Hy as die enigste Seun van die Vader het, vol genade en waarheid." Dit is Jesus, God se enigste Seun en die ware Woord van God, het na die aarde in vlees gekom, om ons sondes te vergewe. Selfs vandag nog, gaan Hy voort om ons deur middel van Sy Woord, die Bybel, te suiwer.

Nogtans, jy kan nie sonder die Heilige Gees se hulp, ooreenkomstig God se Woord lewe nie. Dit is onmoontlik om deur middel van jou eie kragte sondes te verwerp. Jy moet die hulp van die Heilige Gees ontvang, deur vurige gebede, om die begeertes van die vlees, die begeertes van die oë en die hoogmoed van die lewe te verwyder. Slegs dan eers kan jy die duisternis van onwaarhede uit jou hart verdrywe.

Ter byvoeging, jy het ook nodig om bloed te stort om vergewe te word. In Hebreërs 9:22 staan geskrywe, "Byna alles word volgens die wet met bloed gereinig, en sonder die vergieting van bloed vind daar geen vergewing plaas nie." Jy benodig Jesus se bloed, omdat slegs Sy blaamlose en vlekkelose bloed vir jou vergifnis gee.

Jy moet glo in Jesus, wie in water en bloed gekom het en die Heilige Gees van God as 'n geskenk ontvang het, om die saligheid te verkry. Daarvoor benodig jy die volgende drie: die Gees, die water en die bloed.

Indien daar geen bloedstorting plaasvind nie, is daar geen vergifnis nie en jy bly sondig. Jy benodig nie slegs die Woord - die water – om gesuiwer te word nie, maar ook die Heilige Gees om te help dat jy volkome volgens die Woord lewe. Dus werk die drie as 'n eenheid saam.

Daarom, moet ons nadat ons van ons sondes vergewe is, deur Jesus Christus aan te neem, voortgaan om met water en Gees gebore te word, om sodoende ware saligheid te bekom, wetende dat al drie, die Gees, die water en die bloed ons tesame red, en na die hemel lei.

Hoofstuk 10

WAT IS DWAALLEER?

1. Die Bybelse definisie van Dwaalleer
2. Die Gees van Waarheid en die Gees van Dwaling

"Maar daar was ook vals profete onder die volk, en so sal daar ook onder julle vals leraars kom. Hulle sal verderflike dwaalleer insmokkel en die Here wat hulle vrygekoop het, verloën. So sal hulle hulleself baie gou in die verderf stort. Baie mense sal hulle losbandigheid navolg, en deur hulle toedoen sal mense kwaad praat van die Weg van die waarheid. In hulle hebsug sal hulle julle met allerhande stories uitbuit. Maar hulle vonnis is lankal gevel, en hulle ondergang is onafwendbaar."

2 Petrus 2:1-3

Soos wat die beskawing se materialisme ontwikkel het het die mense God begin misken, omdat hulle op hulle rykdom en wysheid begin staatmaak het. Soos wat die sondes toegeneem het, het die mense se geeste verdonker, en hulle het korrup begin word. Daarom, baie mense word deur leuens mislei, omdat hulle nie tussen wat waar en onwaar is, kan onderskei nie. Hulle het ook gefouteer deur ander mense volgens hulle geregtigheid, kennis en teorië, te oordeel.

In Matteus 12:22-32, het Jesus 'n demoon-besete man wie blind en stom was, genees. Nogtans, toe die Fariseërs hiervan hoor, het hulle gesê, "Hy dryf duiwels uit alleen met die hulp van Beëlsebul, die aanvoerder van die duiwels" (v 24). Hulle het God se werk beskou as die werk wat deur 'n bose gees uitgevoer was.

Jesus sê toe vir hulle in Matteus 12:31-32, "Daarom sê Ek vir julle: Elke sonde en lastering kan die mense vergewe word, maar die lastering teen die Heilige Gees kan nie vergewe word nie. As iemand iets teen die Seun van die mens sê, kan dit hom vergewe word; maar as iemand iets teen die Heilige Gees sê, kan dit hom nie vergewe word nie, nie in hierdie bedeling nie en ook nie in die toekomstige nie."

Die Fariseërs het daarmee volstaan, dat dit wat Jesus deur die krag van God gedoen het, die werk van 'n bose gees was. Dit is godslastering teenoor die Heilige Gees. Daarom sal die Fariseërs heelwaarskynlik nie daarvoor vergewe word nie.

Indien jy duidelik, met behulp van die Bybel, tussen waarhede en valshede kan onderskei, sal jy nie ander mense oordeel, of met valshede mislei nie.

Laat ons verder in "dwaalleer" vanuit God se perspektief delf, hoe om tussen God se Gees en bose geeste te onderskei, en sekere dwaallering sektes, waarmee jy baie versigtig moet wees.

1. Die Bybelse definisie van Dwaalleer

Die Oxford Woordeboek definieer 'dwaalleer' as "'n geloof of 'n mening wat teen die beginsels van 'n besondere godsdiens is.'

Paulus, vervolg as 'n voorbok van 'n dwaalleer sekte

Handelinge 24:5 lees, "Ons beskou hierdie man as 'n gevaar vir die samelewing. Hy bring skeuring in die Joodse geledere dwarsdeur die wêreld. Hy is 'n leier van die dwaalrigting van die Nasareners." Hier verwys "die sekte van die Nasareners" na "'n dwaalleer sekte," en dit is die eerste keer dat die woord "dwaalleer" in die Bybel verskyn.

Die Jode het beskuldigings teen Paulus aan die goewerneur voorgelê, omdat hulle van mening was dat die evangelie wat hy verkondig het, op dwaalleer neergekom het. Paulus het die aantygings teen hom weerlê en sy geloof bely, soos opgeteken staan in Handelinge 24:13-16.

Die beskuldigings wat hulle nou teen my inbring, kan hulle ook nie vir u bewys nie. Dit erken ek wel voor u: Ek dien die God van my voorvaders volgens die leer van Christus wat hulle 'n dwaalrigting noem. Ek glo nog steeds alles wat in die wet en die profete geskrywe staan. Ek het my hoop op God gestel, en net soos hulle verwag ek dat alle mense, goeies en slegtes, uit die dood sal opstaan. Daarom doen ek ook my uiterste bes om altyd 'n skoon gewete voor God en die mense te hê.

Was apostel Paulus werklik 'n dwaalleraar?

Jy moet die definisie van dwaalleer in die Bybel opsoek, omdat die Bybel die Woord van God is, die enigste Wese wat die waarheid van valshede kan onderskei. Die definisie van dwaalleer word in 2 Petrus 2:1 bespreek:

Maar daar was ook vals profete onder die volk, en so sal daar ook onder julle vals leraars kom. Hulle sal verderflike dwaalleer insmokkel en die Here wat hulle vrygekoop het, verloën. So sal hulle hulleself baie gou in die verderf stort.

"Die Meester wie hulle vrygekoop het" verwys na Jesus Christus. Die mens behoort oorspronklik aan God, en leef ooreenkomstig Sy wens. Alhoewel nadat Adam ongehoorsaam was, het hy 'n sondaar geword en aan die duiwel behoort. Nogtans, God het medelye met mense wie die pad van die dood bewandel. God het vir Jesus, Sy enigste Seun, gestuur as 'n vredesoffer en toegelaat dat Hy gekruisig kon word, sodat Hy die weg na die saligheid deur Sy bloed kon open.

God het vir ons gewerk, wie voorheen aan die duiwel behoort het, sodat ons sondes vergewe kan word, indien ons in Jesus Christus glo. Ons het ook die lewe ontvang, om weer aan God te behoort. Dit is waarom ons kan sê dat Jesus ons deur Sy kruisiging vrygekoop het, en die Bybel vir jou vertel dat Jesus is "die Meester wie hulle vrygekoop het."

Dwaalleraars misken Jesus Christus

Nou weet jy dat die "dwaalleer" verwys na "hulle wie die Meester verloën, wie hulle vrygekoop het, deur hul eie ondergang te bewerkstellig" (2 Petrus 2:1). Hierdie term was nooit gebruik, totdat Jesus Sy sending as die Saligmaker voltooi het nie. Die naam "Jesus" beteken "[die een wie] Sy mense van hul sondes gaan red." "Christus" is "Die Gesalfde Een." Jesus het die Saligmaker geword, eers nadat Hy Sy werk afgehandel het – om gekruisig te word, en weer opgestaan het.

Dit is waarom jy nie hierdie term kan vind in die Ou Testament of in die Evangelies van Matteus, Markus, Lukas en Johannes waarin Jesus se lewensverhaal opgeteken is nie. Selfs die Fariseërs, leerders van die Wet en priesters wie Jesus vervolg het, het nie hierdie term gebruik nie. Dit was ook nie deur die hoëpriesters gebruik nie.

Eers nadat Jesus opgewek was om Sy taak as Christus ten uitvoer te bring, "het mense die Meester wat hulle vrygekoop het, verloën" en het dit te voorskyn gekom. Eers toe het die Bybel ons begin waarsku teen hierdie dwaalleraars.

Daarom, indien mense glo in Jesus Christus as "die Meester wie hulle vrygekoop het," is hulle nie dwaalleraars nie. Indien hulle dit egter ontken, is hulle dwaalleraars.

Die apostel Paulus het nie vir Jesus Christus, wie hom met Sy kosbare bloed vrygekoop het, misken nie. Inteendeel, Paulus het sy dank teenoor Jesus Christus uitgespreek, waar hy ookal gegaan het, terwyl Paulus vervolg was en 'n hoë prys moes betaal. Vyfkeer, het hy van die Jode die veertig sweepslae minus een ontvang. Eenkeer was hy gestenig. Hy was gevange geneem, vervolg deur die nie-Jode en sy eie landsgenote, terwyl hy verraai was deur diegene wie hy vertrou het. Ten spyte van dit alles het Paulus 'n man met groot krag geword, deur al hierdie ontberings met vreugde en onderskeiding te oorkom, en God te verheerlik deur ontelbare mense in die naam van Jesus Christus te genees, tot die dag wat hy 'n martelaarsdood gesterf het.

Paulus verkondig die Evangelie deur God se krag te demonstreer

Jy sal weet dat God se krag kan nie deur iemand vertoon kan word, wie God die Skepper en Jesus Christus misken nie, omdat hulle eintlik van nature God is, terwyl die Bybel uitdruklik sê,

"Een ding het ek God hoor sê, nee, twee: dat net God mag het" (Psalm 62:12).

Jy moet nie 'n persoon veroordeel wie God se krag demonstreer nie, omdat daardie krag bewys dat God met hom is, en dat daardie persoon vir Hom baie liefhet. In Galasiërs 1:6-8, Paulus, wie 'n voorbok van die Nasareense sekte genoem was, moes baie versigtig wees om nie 'n ander evangelie te volg of te verkondig, as die boodskap van die kruis nie:

Dit verbaas my dat julle so gou van God wat julle deur die genade van Christus geroep het, afvallig word en 'n ander evangelie aanneem. Daar is geen ander evangelie nie! Tog is daar mense wat die evangelie van Christus probeer verdraai, en dit is hulle wat vir julle in verwarring bring. Maar al sou een van ons of selfs 'n engel uit die hemel aan julle 'n evangelie verkondig wat in stryd is met die evangelie wat ons aan julle verkondig het-die vloek van God sal hom tref!

Selfs vandag nog word sommige mense as dwaalleraars verdoem, terwyl hulle nooit vir Jesus Christus misken het nie, maar slegs die evangelie van Christus verkondig, en die lewende God aan almal bekendstel, om met behulp van Sy krag, Sy werke te demonstreer.

Moenie lukraak ander as dwaalleraars veroordeel

Ek moes ook 'n aantal aantuigings van dwaallering verduur, terwyl ek God se krag gedemonstreer het, en my kerk se lidmatetal gegroei het. Inderwaarheid, die grootte van die lidmatetal het tot meer as 120,000 lede oor die afgelope drie dekades gegroei, sedert die kerk in 1982 opgerig is.

Ek het vir sewe jaar lank aan verskillende siektes gely, daarna is ek by geleentheid deur God se krag, genees. Daarna het ek probeer om tot God se eer te lewe, deur te eet en te drink soos wat die apostel Paulus dit gedoen het. Ek het my lewe in God se hande geplaas, en gefokus op, "Slegs Jesus, altyd Jesus."

Sedert die tyd wat ek 'n lekeprediker was, het ek probeer om te getuig dat God my genees het, en terselfdertyd die evangelie verkondig. Nadat ek as 'n dienskneg van God geroep was, het ek die boodskap van die kruis verkondig, en die lewende God en Jesus die Saligmaker aan die mense bekend gestel. Ek het selfs oor God getuig wanneer ek by troues opgetree het, omdat ek begerig was om meer mense op die weg na die saligheid te lei.

Ek het besef dat beide die kragtige Woord van God, en die bewys van die lewende God is nodig, as die getuienis van die Here tot by die wêreld se eindpunte. Dus het ek ywerig gebid, soos die voorvaders van die geloof gedoen het, om die krag van God te bekom. Ek het alle toetse wat aan my gestel was, met dankbaarheid en vreugde geslaag.

Somtyds was daar dodelike toetse gewees. Nogtans, soos wat

Jesus die saligheid van die opstanding ontvang het, na sy onskuldige dood, het God my krag vermeerder in ooreenstemming met Sy wil, elke keer wanneer ek 'n toets geslaag het.

As gevolg hiervan, elke keer wat ek getuig het waarom God die enigste ware God is, en jy gered word wanneer jy in Jesus Christus glo, regoor die wêreld—in Kenia, Uganda, Honduras, Japan, selfs in die grotendeelse Moslemse Pakistan en die Hindoeïsme-oorheersende land van Indië—sedert 2000, het tienduisende mense berou getoon, die blindes kon weer sien, die doofstommes kon weer praat en hoor, en ongeneeslike siektes soos VIGS en verskeie soorte kanker was genees. Hierdie wonderwerke het God grootliks verheerlik.

Daarom, iemand wie tenvolle verstaaan wat dwaalleer is, sal nie ander mense onverskillig as ketters veroordeel nie. In Handelinge 5:33-42, lees jy van Gamaliël, 'n leermeester van die wet van Moses, wie by die hele volk in hoë aansien was. Hoe het hy gereageer?

Op daardie stadium het die Fariseërs van die Sanhedrin vir Petrus en Johannes verbied om van Jesus Christus te getuig, maar hulle was gevul met die Heilige Gees, en was nie aan die Raad gehoorsaam nie. Dus wou die lede van die Sanhedrin die apostels doodmaak. Gamaliël het toe egter opgestaan en gevra dat die apostels 'n rukkie buitentoe gevat moet word. Daarna sê hy vir die Raad:

"Israeliete, julle moet versigtig wees wat julle met hierdie mense gaan doen. 'n Tyd gelede was daar die geval van Teudas, wat in opstand gekom en daarop aanspraak gemaak het dat hy iemand van betekenis is. Hy het 'n aanhang gekry van omtrent vier honderd man. Hy is doodgemaak, en al sy volgelinge is verstrooi, en die opstand het op niks uitgeloop nie. Daarna was dit Judas die Galileër, wat in die tyd van die volkstelling in opstand gekom het met 'n deel van die volk agter hom aan. Ook hy is om die lewe gebring, en al sy volgelinge is uitmekaar gejaag. Wat die huidige geval betref, my raad aan julle is: Laat staan hierdie mense en laat hulle los, want as wat hulle wil en wat hulle doen, mensewerk is, sal daar niks van kom nie. Maar as dit van God kom, sal julle hulle nie kan keer nie. Moenie dat dit dalk later blyk dat julle selfs teen God gestry het nie!" (Handelinge 5:35-39).

Soos wat jy hierdie gedeelte gelees het, sal jy besef dat indien 'n wonderwerk nie van God kom nie, sal dit uiteindelik misluk, selfs al sal mense niks doen om dit te verhoed nie. Tog, selfs al sal hulle die werke wat van God kom, teenstaan of probeer ontwrig, sal hulle nie in hul doel slaag nie. Inteendeel, hulle pogings is niks anders as om teen God te veg nie, en hulle sal onderhewig wees aan Sy oordeel en straf.

Somtyds oordeel mense ander as ketters, as gevolg van die verskillende interpretasies van die Bybel, sienings omtrent die Heilige Gees, en verskillende tale, alhoewel hulle almal die

Heilige Drie-eenheid erken, asook dat Jesus Christus in vlees gekom het.

Daar is sekere mense wie selfs sê dat hulle nie die verskillende tale of sienings nodig het nie, en hierdie werke van die Heilige Gees is verkeerd, omdat daar nêrens aangeteken is dat Jesus in tale gespreek het nie, of visioene gesien het nie. Nogtans, die Bybel sê hierdie is goed vir ons:

Aan elkeen afsonderlik word 'n werking van die Gees gegee tot voordeel van almal. Aan die een word deur die Gees die gawe gegee om 'n woord van wysheid te praat, aan 'n ander 'n woord van kennis deur dieselfde Gees; aan die een geloof deur dieselfde Gees, aan 'n ander genadegawes van gesondmaking deur die één Gees. Aan die een gee Hy die krag om wonders te doen, aan 'n ander die gawe om God se boodskap te verkondig, en aan nog 'n ander die gawe om tussen die geeste te onderskei. Aan nog een gee Hy die gawe om ongewone tale of klanke te gebruik en aan 'n ander om dit uit te lê. Maar al hierdie dinge is die werk van een en dieselfde Gees, wat aan elkeen afsonderlik 'n gawe uitdeel soos Hy wil (1 Korintiërs 12:7-11).

Gevolglik, moet jy nie diegene wie verskillende gawes van die Gees ontvang het, belaster en veroordeel as ketters nie, net omdat jy nie self enige ervarings met hulle gehad het nie.

2. Die Gees van Waarheid en die Gees van Dwaling

In 2 Petrus 2:1-3, is daar 'n verduideliking omtrent dwaalleer. Die Bybel waarsku jou omtrent vals profete en leerders wie verderflike dwaalleer sal probeer insmokkel. "Baie mense sal hulle losbandigheid navolg, en deur hulle toedoen sal mense kwaad praat van die Weg van die waarheid. In hulle hebsug sal hulle julle met allerhande stories uitbuit. Maar hulle vonnis is lankal gevel, en hulle ondergang is onafwendbaar" (2 Petrus 2:2-3).

Ook in 1 Johannes 4:1-3, word gesê, "Geliefdes, moenie enigeen glo wat sê dat hy die Gees van God het nie, want daar is nou reeds baie vals profete in die wêreld, maar ondersoek elkeen, ondersoek of sy gees van God afkomstig is. Hiéraan ken julle die Gees van God: elkeen wat bely dat Jesus werklik die Christus is wat mens geword het, het die Gees wat van God afkomstig is. En elkeen wat dit nie van Jesus bely nie, het nie die Gees wat van God afkomstig is nie. Hy het die gees van die antichris, die gees van wie julle gehoor het dat hy kom en wat nou reeds in die wêreld is."

Toets elke gees of dit van God kom of nie

Daar is goeie geeste wat aan God behoort, wat jou na saligheid kan lei, terwyl daar ook ander duiwelse geeste is wat jou tot selfvernietiging mislei.

Aan die een kant, iemand wie die Gees van God ontvang het, erken dat Jesus Christus in vlees gekom het. Hy glo in die Heilige Drie-eenheid, Jesus Christus, en die Gees, dus is hy as 'n kind van God verseël. Hy verstaan die waarheid en lewe ooreenkomstig die waarheid, met behulp van die Gees.

Aan die ander kant, iemand wie die gees van die antichris ontvang het, sal Jesus Christus teenstaan met die Woord van God, en Sy verlossingswerke ontken. Jy moet baie versigtig wees, en in staat wees om antichriste te kan onderskei, omdat hulle heel dikwels onder gelowiges werk, deur God se Woord te misbruik.

In elk geval, om Jesus Christus te misken is niks anders as om teen God te veg, wie Hom na hierdie wêreld gestuur het nie.

Die Bybel waarsku ons soos volg teen die antichris in 2 Johannes 1:7-8 :

Daar het baie misleiers te voorskyn gekom in die wêreld. Hulle erken nie dat Jesus die Christus is wat mens geword het nie. Dit is wat ek met "die misleier", "die antichris", bedoel. Julle moet toesien dat julle nie verloor wat ons voor gewerk het nie, maar dat julle die volle loon ontvang.

In 1 Johannes 2:19 is 'n ander waarskuwing vir ons:

Hulle het wel uit ons geledere voortgekom, maar niemand

van hulle was ooit werklik een van ons nie, want as hulle werklik van ons was, sou hulle by ons gebly het. Dit moes duidelik word dat geeneen van hulle werklik een van ons is nie.

Daar is twee tipes antichriste: die een wie deur die gees van die antichris besit word, en die een wie deur die antichris se gees mislei word. Hulle probeer altwee om mense te mislei, waar ookal die Heilige Gees teenwoordig mag wees. Hulle neem mense gevange deur God se Woord te opponeer, en hulle dan deur huule gedagtes te mislei. Mense wie se gedagtes geheel en al deur die gees van die antichris beheer word, word "duiwelbesetenes" genoem.

Indien 'n pastoor die gees van 'n antichris sou ontvang, sou kerklidmate voortdurend beweeg het op die weg van selfvernietiging, omdat hulle in die gees van die antichris vasgevang sou gewees het.

Daarom, moet jy 'n duidelike onderskeid kan tref tussen die Gees van die waarheid, en die gees van onwaarhede, om nie deur die gees van die antichris mislei te word nie, en sodoende ooreenkomstig die waarheid en die lig te lewe.

Hoe om tussen die geeste te onderskei

1 Johannes 4:5-6 lees, "Hulle behoort aan die wêreld, en wat hulle sê, is dus van die wêreld afkomstig, en die wêreld luister na hulle. Ons behoort aan God, en wie vir God ken, luister na ons;

wie nie aan God behoort nie, luister nie na ons nie. Hierna kan ons die Gees van die waarheid en die gees van die dwaalleer onderskei."

Die terme "dwaling" verwys na "'n vals verklaring wat onwaar is." Die gees van dwaling is die wêreldse gees wat jou mislei om te glo dat iets onwaar is, alhoewel it eintlik waar is, sodat jy die grense van geloof verlaat. Naamlik, iemand wie van God is, luister na die Woord van die waarheid, maar iemand wie aan die wêreld behoort, luister na die wêreld se geluide, nie die waarheid nie. Dus, is dit maklik om hulle te herken. Dit is vir jou vanselfsprekend of dit die lig of die duisternis is, indien jy die waarheid ken. Dan kan jy sê, "Hierdie persoon is die lig, maar daardie persoon is in die duisternis."

Byvoorbeeld, indien iemand op 'n Sondag sê, "Laat ons vanmiddag 'n piekniek onderneem. Laat ons slegs die oggenddiens bywoon. Is dit nie maar net so goed nie?" of indien hy probeer om God se koninkryk te vernietig, deur duiwelse speletjies uit te voer en nog steeds daarop aanspraak te maak dat hy in God glo. Dit is die werking van die gees van dwaling.

Jy kan baie dinge verstaan wat God vrylik vir jou gee, indien jy die Gees van die waarheid van God ontvang (1 Korintiërs 2:12). Dit is waarom die Heilige Gees in jou is—God se kosbare kind. Hy is die Gees van die waarheid en het jou na alle waarhede gelei. Hy praat nie op Sy eie nie; Hy praat slegs oor wat Hy hoor, en Hy sal jou slegs inlig oor wat nog sal kom.

Daarom, Jesus sê in Johannes 14:17, "Dit is die Gees van die waarheid. Die wêreld kan hom nie ontvang nie, omdat hulle Hom nie sien en Hom nie ken nie. Maar julle ken Hom, omdat Hy by julle bly en in julle sal wees." Johannes 15:26 gee vir ons 'n ander herinnering van die Heilige Gees: "Wanneer die Voorspraak kom wat Ek vir julle van die Vader af sal stuur, die Gees van die waarheid, wat van die Vader uitgaan, sal Hy oor My getuig."

Ook 1 Korintiërs 2:10 lees, "Aan ons dan het God dit deur die Gees bekend gemaak, want die Gees deursoek alle dinge, ook die diepste geheimenisse van God." Soos geskrywe, die Heilige Gees is die enigste een wie volkome God se gedagtes, kan begryp.

Gevolglik, hulle wie die Gees van die waarheid ontvang, luister na die Woord van die waarheid, en gehoorsaam dit. Hoe meer God se koninkryk en Sy geregtigheid uitbrei, hoe meer is hulle verheug. Hulle is vol lewe, en sien uit na die hemelse koninkryk.

Nogtans, sommiges woon bloot die kerk by sonder vreugde, omdat hulle nie die God-gegenereerde geloof het nie. Hulle behoort nog steeds aan die wêreld en verkies wêreldse dinge, soos geld en vermaaklikheid. Dus, hulle kan nie volgens die waarheid lewe nie, en uitsien na die hemelse koninkryk nie, of God heelhartig liefhê nie.

Laastens, hierdie mense verlaat God as gevolg van die gees van dwaling, omdat hulle aan die wêreld behoort en nie die Gees van die waarheid ontvang het nie. Ook, indien iemand ander broers en susters van die geloof belaster of beskinder, of ander verhinder of afgunstig is om getrou aan God se koninkryk of Sy geregtigheid te wees, is hy nie van die Gees van die waarheid nie.

Laat niemand jou op 'n dwaalspoor bring nie

1 Johannes 3:7 spoor ons soos volg aan: "Liewe kinders, moenie dat iemand julle mislei nie: wie regverdig lewe, is regverdig soos hy regverdig is." Jy moet nie wegdwaal van God se Woord sodat jy mislei kan word deur allerhande onware kennis nie, omdat niks behalwe God se Woord jou kan leer nie. Slegs dan, sal jy die volkome saligheid verkry, voorspoedig in hierdie wêreld wees en die ewige lewe in die hemelse koninkryk geniet.

Nogtans, die duiwel wend alle pogings aan om te voorkom dat God se kinders volgens die Woord lewe, en probeer dat jy die wêreld aanneem en God die rug keer, in Hom twyfel en Hom teenstaan. In 1 Petrus 5:8 staan geskrywe, "Wees nugter, wees wakker! Julle vyand, die duiwel, loop rond soos 'n brullende leeu, op soek na iemand om te verslind."

Hoe kan die vyandige duiwel en Satan dan kinders van God mislei? Jy kan dit vergelyk met 'n dame wie deur 'n man versoek word. Indien 'n dame haarself met genade en waardigheid gedra, en op 'n goedmanierde wyse gedra, kan manne haar nie verlei nie. Andersins, 'n man kan maklik haar in die versoeking bring, indien sy haar nie behoorlik gedra nie. Eweneens, sal die vyandige duiwel en Satan die een nader wie nie standvastig in die waarheid is nie, en dalk teenoor God twyfelagtig is. Die duiwel versoek hierdie mense om van God afvallig te word, en om Hom teen te staan, om hulle sodoende op die weg na die dood te lei. Eva was ook deur die duiwel versoek, omdat sy onverhoeds betrap was, en sodoende God se Woord verdraai het.

Natuurlik sal jy aan beproewinge blootgestel word, al het jy nie tekortkominge nie. Dit is omdat God jou wil seën. Voorbeelde hiervan kan gesien word in Daniël se beproewing, waartydens hy in die leeukuil gegooi was, en Abraham se beproewing toe hy sy seun as 'n brandoffer moes opoffer.

Wanneer jy beproewinge of probleme in die gesig staar, omdat jy nie standvastig in die waarheid is nie, moet jy dadelik van die sondes wegbeweeg en dit bely. Verdryf dan alle begeertes en beproewinge met die hulp van God se Woord, en probeer jou beste om standvastig soos 'n rots aan die waarheid vas te klou.

Wees standvastig teenoor die waarheid ; moenie mislei word nie

In 1 Timoteus 4:1-2, skryf die skrywer, "Die Gees sê uitdruklik dat in die eindtyd sommige afvallig sal word van die geloof. Hulle sal misleidende geeste navolg en die leerstellings van duiwels aanhang. Hierdie dwaalleraars is skynheilige leuenaars wie se gewete toegeskroei is."

Dit verwys na later tye waartydens sommige mense, wie daarop aanspraak maak dat hulle gelowig is, ongelowig sal word, deur misleidende geeste na te volg en deur bose geeste beïnvloed sal word.

Die misleiding sal skynheilig wees, selfs al sou hulle optredes blyk gelowig en regverdig te wees. Hulle bid voor ander, en probeer om gelowig te wees vir die geld, nie in dankbaarheid teenoor God se genade nie. Ten laaste, verwerp hulle hul geloof en bewandel die weg van die dood, omdat hulle gewetes toegeskroei is met 'n warm yster deur te lieg, te lewe sonder die waarheid en die bevrediging van die wêreldse vermaak.

God waarsku jou versigtig in die Bybel om nie mislei te word nie. Jesus waarsku ons in Matteus 7:15-16: "Pas op vir die vals profete. Hulle kom na julle toe in skaapsklere, maar in werklikheid is hulle verskeurende wolwe. Aan hulle vrugte sal julle hulle ken. Kry 'n mens dan druiwe aan doringstruike of vye aan dissels?"

Iemand se woorde en handelinge weerspieël sy gedagtes en begeertes. Dit is, jy herken mense aan die vrugte wat hul dra. Indien iemand bose vrugte soos haat, afguns of jaloesie het, in plaas van vrugte soos die waarheid, goedheid en regverdigheid, is hy 'n vals profeet.

Baie vals profete en die antichris, is reeds in hierdie wêreld teenwoordig. Daarom, die kinders van God moet 'n deeglike kennis van dwaalleer hê, om te kan onderskei tussen die gees van die waarheid, en die gees van onwaarhede.

Die vyandige duiwel en Satan sal nooit die geleentheid laat verbygaan om God se kinders te verlei, sodat hulle moet sondig, wanneer hulle in die waarheid struikel nie. Wanneer jy standvastig is in die waarheid en dit gehoorsaam, sal jy nie deur die gees van onwaarhede mislei word nie, maar jy sal dit maklik te bowe kom, wanneer dit jou nader.

Jy moet nie ander onderrig toelaat of aanhang nie, en ook nie deur daardie onderrig wat teen die waarheid is, mislei word nie. In plaas daarvan, wees gehoorsaam aan die Woord van God en volg die begeertes van die Heilige Gees na, sodat jy moedig en vlekkeloos met die Here Jesus Christus se Wederkoms kan wees.

Jesus sê vir ons dat, "Die goeie mens bring die goeie te voorskyn uit die oorvloed goeie dinge in sy hart; die slegte mens bring die slegte te voorskyn uit die oorvloed slegte dinge in sy hart. Dit sê Ek vir julle: Van elke ligsinnige woord wat die mense sê, sal hulle rekenskap moet gee op die oordeelsdag. Op grond van jou eie woorde sal jy vrygespreek of veroordeel word" (Matteus 12:35-37).

Die goeie mens is goedhartig, en kan nie skade aan ander mense aanrig nie, ongeag of die handeling tot voordeel van homself is nie.

Nogtans, die sondige mens kan nie in die waarheid verheug wees nie. Hy gebruik allerhande soorte sondes soos byvoorbeeld, afguns en jaloesie, sodat ander moet struikel. Selfs al klink sy uitsprake korrek en regverdig, kan jy nie sê dat hy 'n goeie mens is, indien hy voortgaan om lelike dinge van ander kwyt te raak nie, of om mense van mekaar te laat vervreem nie.

Daarom, moet jy voortdurend bid en waaksaam wees, sodat jy nie mislei word nie. Jy moet daartoe in staat wees om te kan onderskei, watter geeste is waar of nie, en moet nooit ander oordeel nie. Verder, moet jy standvastig in die geloof wees met die Drie-eenheid—die Vader, die Seun, en die Heilige Gees, glo die hele Bybel, wees gehoorsaam daaraan, en leef daarvolgens.

"Kom, Here, Jesus!"

Die outeur:
Dr. Jaerock Lee

Dr. Jaerock Lee is in 1943 in Muan, Jeonnam Provinsie, Republiek van Korea gebore. Gedurende sy twintigerjare het Dr. Lee vir sewe jaar aan 'n verskeidenheid ongeneeslike siektetoestande gely, en op die dood gewag, met geen hoop op herstel nie. Nogtans eendag gedurende die lente van 1974 het sy suster hom saam kerk toe geneem. Terwyl hy gekniel het om te bid, het die lewende God hom onmiddellik van al sy siektes genees.

Vanaf die oomblik wat hy die lewende God ontmoet het, deur die wonderlike ervaring, het Dr. Lee vir God met sy hele hart opreg liefgehad, en in 1978 was hy as 'n dienskneg van God geroep. Hy het vuriglik gebid met ontelbare vastingsgebede sodat hy duidelik die wil van God kon verstaan, en dit volledig ten uitvoer kon bring, en die Woord van God gehoorsaam. In 1982 het hy die Manmin Sentrale Kerk in Seoul, Korea gestig, waar ontelbare wonderwerke van God, insluitende wonderbaarlike genesings, tekens en wonderwerke al plaasgevind het. Sedertdien gaan dit by sy kerk nog steeds voort.

In 1986 was Dr. Lee as 'n pastoor by die jaarlikse vergadering van die Jesus Sungkyul Kerk van Korea georden, en vier jaar later in 1990, was daar begin om sy preke na Australië, Rusland en die Filippyne uit te saai. Binne 'n baie kort tydperk was meer lande deur middel van die 'Far East Broadcasting Company, the Asia Broadcast Station, and the Washington Christian Radio System' bereik.

Drie jaar later in 1993, was Manmin Sentrale Kerk aangewys as een van die "World's Top 50 Churches" deur die Christelike Wêreld tydskrif (VS) en hy ontvang 'n Ere Doktorsgraad van die Christelike Geloofs Kollege, Florida, VSA, en in 1996 ontvang hy sy Ph. D. in Teologie van Kingsway Teologiese Kweekskool, Iowa, VSA.

Sedert 1993 het Dr. Lee wêreld evangelisasiewerk uitgebou deur baie oorsese kruistogte in Tanzanië, Argentinë, Los Angeles, Baltimore Stad, Hawaii, en New York Stad van die VSA, Uganda, Japan, Pakistan, Kenia, die Filippyne, Honduras, Indië, Rusland, Duitsland, Peru, Demokratiese Republiek van die Kongo, Israel en Estonia aan te bied.

In 2002 was hy as 'n "worldwide revivalist" vir sy kragtige evangeliebediening in verskeie oorsese kruistogte, deur die groot Christelike nuusblad in Korea, erken. In besonder was sy 'New York Crusade 2006' gehou in Madison Square Garden, die wêreld se beroemdste optree arena. Die optrede was na 220 nasies uitgesaai, en in sy 'Israel United Crusade 2009', gehou by die Internasionale Byeenkoms Sentrum in Jerusalem, het hy dapper aangekondig dat Jesus Christus waarlik die Messias en Redder is.

Sy preke word na 176 nasies per satelliet insluitende GCN TV uitgesaai. Hy was ook as een van die 'Top 10 Most Influential Christian Leaders' van 2009 gelys. In 2010 ook by die populêre Russiese Christelike tydskrif, In Victory, en die nuusagentskap Christelike Telegraaf, vir sy kragtige evangeliebediening tydens televisie-uitsendings, en oorsese kerklike pastoraatwerk.

Sedert Mei 2013 het Manmin Sentrale Kerk 'n gemeente van meer as 120,000 lidmate. Daar is wêreldwyd meer as 10,000 kerktakke insluitende 56 plaaslike kerktakke, en meer as 129 sendelinge is na 23 verskillende lande gesekondeer, insluitende die Verenigde State, Rusland, Duitsland, Kanada, Japan, China, Frankryk, Indië, Keniaen baie meer tot dusver.

Tot op datum van hierdie publikasie, het Dr. Lee reeds 85 boeke, waaronder topverkopers soos,' Tasting Eternal Life before Death, My Life My Faith I & II, The Message of the Cross, The Measure of Faith, Heaven I & II, Hell, Awaken, Israel!, en The Power of God' geskryf. Sy werke is in meer as 75 verskillende tale vertaal.

Sy Christelike Kolomme verskyn in 'The Hankook Ilbo, The JoongAng Daily, The Chosun Ilbo, The Dong-A Ilbo, The Munhwa Ilbo, The Seoul Shinmun, The Kyunghyang Shinmun, The Korea Economic Daily, The Korea Herald, The Shisa News, en The Christian Press'.

Dr. Lee is tans 'n leiersfiguur by baie sendingorganisasies en verenigings. Posisies sluit in: 'Chairman, The United Holiness Church of Jesus Christ; President, Manmin World Mission; Permanent President, The World Christianity Revival Mission Association; Founder & Board Chairman, Global Christian Network (GCN); Founder & Board Chairman, World Christian Doctors Network (WCDN); and Founder & Board Chairman, Manmin International Seminary (MIS).'

www.ingramcontent.com/pod-product-compliance
Lightning Source LLC
LaVergne TN
LVHW021759060526
838201LV00058B/3163